跟单高手

金跃军 | 著

天津出版传媒集团
天津科学技术出版社

图书在版编目（CIP）数据

跟单高手 / 金跃军著. -- 天津 : 天津科学技术出版社, 2024. 10. -- ISBN 978-7-5742-2505-3

Ⅰ. F713.3-62

中国国家版本馆CIP数据核字第2024TD5002号

跟单高手

GENDAN GAOSHOU

责任编辑：杜宇琪

出　　版：天津出版传媒集团
天津科学技术出版社

地　　址：天津市西康路35号

邮　　编：300051

电　　话：（022）23332695

网　　址：www.tjkjcbs.com.cn

发　　行：新华书店经销

印　　刷：天宇万达印刷有限公司

开本 670×950　1/16　印张 12　字数 150 000

2024年10月第1版第1次印刷

定价：49.80元

前言

PREFACE

如果将整个销售过程比作一条线，与客户的初次接触是线的开头，成功交易则是这条线的结尾，那么跟单过程则构成了中间的线段。跟单能否成功，决定整个销售项目是否顺利。

在实际的工作中，有很多销售人员不会跟单，只是凭借经验机械地进行客户跟进，缺乏系统性的跟单策略。这样一来，销售人员不清楚自己为何失败，也找不到成功的原因。跟单过程的复杂性在于，它不仅仅是一系列机械的任务，更是一场涉及心理学、沟通技巧、解决问题能力的博弈。

成功跟单需要系统性规划和对客户需求的深刻理解，以及在面对客户异议时的巧妙处理。这样的过程需要有条不紊地执行，同时也需要销售人员对整个销售生命周期的全面把握。因此，缺乏跟单策略和方法的销售人员可能会在跟单过程中遭遇困境，难以找到问题的症结所在。

本书是一本聚焦于深入剖析跟单过程中关键因素和技巧的著作。在商业世界中，跟单不仅仅是一项工作，更是一门艺术和科学结合的功课，需要销售人员具备丰富的经验和独特的技巧。

例如，艺术性主要体现在以下方面。

（1）情感共鸣：跟单过程中，销售人员需要学会与客户建立情感联系，通过真诚的关怀和理解，让客户感受到被重视和尊重。这种情感共鸣能够增强客户的信任感，为后续的成交奠定良好的基础。

（2）个性化服务：每个客户都是独一无二的，他们的需求、偏好和关注点各不相同。销售人员需要识别客户的独特需求，并提供个性化的解决方案，以满足客户的期望。

（3）灵活应变：跟单过程中充满了不确定性和变数，销售人员需要具备高度的灵活性和创造力，随时调整策略，应对突发情况。

科学性则体现在以下方面。

（1）数据分析：现代商业环境中，数据是决策的重要依据。销售人员需要运用数据分析工具，对客户的购买行为、偏好趋势等进行深入分析，以便制定更加精准的销售策略。

（2）系统规划：跟单过程需要系统性的规划和管理。从初次接触到成交，再到售后服务的每一个环节，都需要有明确的计划和目标。销售人员需要运用科学的方法，对跟单过程进行有序的组织和管理。

（3）持续优化：商业环境不断变化，客户需求也在不断更新。销售人员需要保持学习的态度，不断吸收新知识、新技能，对跟单策略进行持续优化和调整。这种持续优化的过程，体现了跟单工作的科学性。

鉴于此，本书全面而深入地、系统性地探讨跟单的方方面面，为读者提供了一部关于跟单的实用手册。

本书将详尽地解析一个跟单高手在工作中应该有的思考方式、应对策略以及成功的关键要素。通过对跟单过程的深度剖析，本书为销售从业人员提供了一个深入理解销售世界的窗口，帮助他们成为业界的跟单高手。

本书从跟单的不同方面展开，涵盖了销售技巧、客户沟通、成交心理学、失败复盘、成功总结等主题。无论你是销售新手，还是经验丰富的专业人士，本书都能为你提供实用的指导，助你在激烈的市场竞争中取得好成绩。

愿本书为你的职业生涯注入新的活力，让你在跟单的过程中不断成长，成为真正的跟单高手。

CONTENTS 目录

第三章

打仗需要策略，跟单需要技巧

第四章

这样沟通，才是有效跟单

第五章

了解你的客户，让跟单有的放矢

第六章

跟单过程，这些坑不能踩

第七章

跟单复盘，找到病根“治大病”

第一章

摆正心态，做好跟单的第一步

你真的懂跟单吗

提及跟单，很多销售人员可能将其简单地理解为不断与客户保持联系，以确保客户知道自己的存在。然而，从某种角度来看，这种理解虽然不算错，但是显得过于笼统和模糊。销售行业往往被认为是一个竞争激烈的领域，其中不仅需要与自己所在公司的同事进行直接竞争，还需要与其他公司在同一行业争夺与客户成交的机会。在这样的大环境下，如果销售人员连什么是跟单都不能深刻地理解、准确地掌握、清晰地表达，那么如何能够真正地做好跟单，赢得客户的信任呢？

朋友要过生日了，李华想买一块智能手表作为礼物送给他。李华所在的这座小城市里，一共有两家卖智能手表的商店。

在第一家店铺里，李华被一款炫酷的智能手表吸引。销售人员热情地为他介绍了该产品的各种功能和特点，李华也在这家店里留下了联系方式。随后，他决定去第二家看看是否有更多的选择。

第二家的店铺里同样陈列着各式各样的智能手表，吸引了李华的目光。销售人员小张热情地接待了他，详细介绍了不同款式的手表，并耐心回答了李华提出的问题。尤其是在了解到李华购买智能手表是为了送礼的时候，小张特别推荐了一款具有独特设计的高品质智能手表。

李华同样留下了联系方式，表达了他需要一些时间做最后决定。回到家后，他开始比较两家店铺的产品和服务。

很快，李华收到了第二家店铺的销售人员小张的信息，询问他是否有其他疑问或需要进一步的帮助。小张还分享了一些关于智能手表的使用心得，并提供了一份详细的产品比较表。这使李华感到非常贴心和专业。

在接下来的几天里，小张一直与李华保持联系，回答了他提出的各种问题，并为他提供了更多的购买建议。与第一家相比，第二家店铺通过持续的跟单服务，为李华提供了更多的关怀和专业支持。

最终，李华决定在第二家店铺购买那款设计独特的智能手表。李华认为，除了产品本身的吸引力外，第二家店铺通过持续的跟单服务和专业建议，让他感到更加放心和满意。

实际上，当大家在购物时，很多时候并不是第一眼看到产品就做出购买决定，而是更倾向于在多家商店之间进行比较，仔细地研究完各款产品的优缺点，然后才做出最终的选择。因此，在这个比较的过程中，销售人员的态度和服务质量往往成为影响决策的关键因素。

就像案例中体现出来的一样，当你走进一家店铺，销售人员热情地迎接你，并解答了你提出的问题，但当你离开商店后，他们的服务似乎也就终止了。相比之下，还有一些销售人员，他们并不仅仅是在商店里对你热情片刻，而是一直贴心地跟踪你的购物过程。他们会持续地嘘寒问暖，不断解答你的问题，努力满足你的需求，甚至在你离开商店后依然保持联系。更为重要的是，他们能够从专业的角度出发，为你提供一些十分适宜的购物建议。

在这样的对比下，你可能会更倾向于选择那位一直关心你的销售人员的产品。这并不仅是因为他提供了更好的购物体验，更因为他在你整个购物过程中都表现出了专业的素养和真诚的关怀。这样的销售人员不仅关注在店购销的短暂过程，还注重与客户建立长期关系。而这正是销售人员跟单的价值和影响所在。

作为消费者，当你在购物过程中遇到销售人员不同的态度时，你肯定会更倾向于选择那些持续跟进、关心你的需求、为你提供专业建议的销售人员。他们的服务不仅让你感到被尊重和重视，也为你的购物体验增添了更多的价值，使你更有信心做出明智的决定。反过来讲，作为销售人员，你只有持续地、专业地、用心地跟单，才可以更大程度地获得用户的信赖和认可。

为了更好地理解跟单，大家还需要注意以下两点。

1. 跟单不是简单地与客户交流

很多销售人员之所以没做好跟单这项工作，是因为他们把跟单简单地理解为与客户聊天，尽力哄他们开心。然而，事实上，跟单是一项综合性的工作，远不仅仅是轻松地与客户交谈和取悦客户。

跟单涉及多个要素，其中包括市场洞察、客户关系管理、竞争意识等。销售人员需要深入地了解市场趋势，把握竞争格局，并全面了解客户的需求。只有通过这样的全面洞察，销售人员才能更有针对性地制定销售策略，提高成交率。

在了解市场和客户的基础上，销售人员才有可能建立良好的客户关系。这不仅包括为客户提供个性化的服务，还包括与客户频繁沟通和为客户提供专业的支持。通过与客户建立亲密的联系，销售人员能够更好地了解客户的需求，从而为其提供更为贴心和符合期望的服务。频繁的沟通不仅有助于解决客户可能出现的问题，还可以获取客户的反馈，进而及时调整销售策略。

在竞争激烈的市场中，客户的忠诚度对企业的长期发展至关重要。通过个性化的服务和专业的支持，销售人员可以提高客户对公司的忠诚度，使客户更愿意与公司建立长期的业务关系。这种忠诚度是出于产品本身的优势，更是源于销售人员在跟单过程中对客户的细致关怀和专业服务。

2. 时刻保持竞争意识

销售是一个竞争很激烈的行业，每个销售人员在与公司里其他同事竞争的同时，还要跟其他公司的从业者竞争。在这样竞争激烈的环境下，如果销售人员缺乏强烈的竞争意识，很容易对客户资源的稀缺性产生误判，就可能失去本应属于自己的潜在客户。与此同时，那些具备强烈竞争意识、善于跟单的销售人员很有可能已经抢先一步赢得了客户的青睐。

强烈的竞争意识不仅要关注公司内部的竞争，更要时刻了解并分析市场上其他竞争对手的策略、产品和服务。只有深入了解竞争对手，销售人员才能更全面地掌握市场的动向，把握客户的喜好和需求。这不仅有助于销售人员及时调整自己的销售策略，还能更加精准地应对市场的变化，迅速地达到潜在客户的期望。

同时，强烈的竞争意识也意味着销售人员要时刻保持警觉，不断提升自身的专业素养和销售技能。同时，要了解竞争对手的优势和劣势，发现并吸取他们的成功经验，这有助于提高自身的竞争力。这种积极、主动的态度能够让销售人员更好地把握市场机遇，争取更多的客户资源。

抵触跟单，结果必然失败

如果大家对销售这个行业进行过仔细研究，就会发现一个非常有趣的现象：那些不愿意、不主动、不会跟单的销售人员，都很难有长远的进步和发展。反观那些顶级销售人员，几乎个个都是跟单高手，继而才成为销售高手。

大家要明白，跟单是建立并维护客户关系的重要手段，抵触跟单可能会导致与客户的沟通中断，错失了解客户需求、为客户解决问题的机会，最终失去客户。在激烈的市场竞争中，持续跟单是保持客户忠诚度和业务增长的关键。如果销售人员不愿跟单，而你的竞争对手都是跟单的高手，那么他们比你更能维系好跟客户的关系，在竞争中占据上风。

业内之所以会如此注重跟单，不仅在于跟单是解决问题的机会，更是了解客户需求和满意度的重要途径。如果销售人员抵触跟单，那么就无法让客户感受到关注与关心，进而导致让客户不满意，甚至选择寻找其他竞争公司的产品或服务。

此外，通过跟单，销售人员有机会了解客户的延伸需求，为其提供更多的产品或服务。销售人员抵触跟单，可能导致错失发现交叉销售机会的可能性，降低了业务的拓展性。

最后，销售人员的态度和服务直接关系到公司的声誉。销售人员抵触跟单可能导致客户对公司的整体服务不满，影响公司的形象和口碑。业绩下滑也是一个潜在的风险，因为跟单是销售人员业绩提升的有效手段，通过与客户建立良好的关系，可以实现持续的业务往来。如果销售人员不重视跟单，业绩就有可能会受到影响，进而难以实现销售目标。

接下来，给大家介绍六个可能造成销售人员抵触跟单的原因，希望大家有则改之，无则加勉。

1. 认为跟单是琐碎的工作

许多销售人员之所以抵触跟单，是因为他们对跟单的认知不对，其中有一种观点认为跟单是琐碎的工作。这类销售人员对跟单的理解过于简单，仅仅将其视为与客户保持联系的烦琐过程，持续跟单会浪费大量时间。销售人员更倾向于把注意力集中在寻找新客户或达成新交易上，因为这直接与业绩挂钩。

然而，如果大家深入思考就能发现，跟单并非只是简单的琐碎工作，而是一个复杂且具有战略性的销售过程。

首先，跟单是建立和巩固客户关系的有效途径。通过持续跟进，销售人员能够深入地了解客户的需求、反馈和期望，为客户提供更贴心、个性化的服务奠定基础。这有助于提升客户的满意度和忠诚度，为公司赢得稳定的业务。

其次，跟单也是发现和解决客户潜在问题的机会。通过与客户保持密切的联系，销售人员可以及时发现客户可能遇到的困难或需求变化，从而迅速采取行动并为其提供解决方案。这不仅有助于避免客户潜在问题的升级，还能增强客户对公司的信任，为长期合作奠定基础。

最后，通过跟单，销售人员有机会为客户提供有价值的信息和建议，与客户分享行业趋势、产品更新等信息。这不仅能使客户感受到关心和重视，也展示了销售人员的专业素养，有助于树立公司在客户心目中的形象。

2. 急于求成

几乎所有的销售人员都想快速签单，以求在短期内提升业绩，获得奖励。当这种想法在脑海中根深蒂固的时候，销售人员就会只关注短期业绩，将工作的重点放在能够快速成交的目标客户身上，以致忽视了长期客户关系的重要性。这种工作态度和行为，会导致出现很多问题。

短期成交的客户对销售人员、对产品、对公司的了解都不会很深，相对应地，他们给予的信任也就不会太深。因此，这类客户大多是一次性客户，不会给销售人员带来更多的成交机会。而且大家应该明白，第一次交流就能成交的客户非常少，如果一个销售人员把自己的业绩都寄希望于这类客户，那这份工作、这个职位也就没有继续存在的意义和价值了。

对于销售本人来说，急于求成，自然就缺少跟单过程中各项技能的磨炼，无法脚踏实地地成长和进步。

3. 误解跟单价值

销售人员抵触跟单的又一个原因是对跟单价值的误解。这种误解主要表现在一些销售人员对成功的定义上，他们可能错误地认为只有在开发新业务、达成新交易时才能实现真正的成功。这种狭隘的观念导致了销售人员忽视了客户满意度和忠诚度在获得业务成功过程中的关键作用。

通过跟单，销售人员能够及时获取客户的反馈和意见，从而更好地满足客户的需求，提升产品或服务的质量，进一步加深客户对公司的信任，使其更加倾向于选择持续合作。

4. 缺乏跟单技巧

前文讲到了，跟单是一项综合性的工作，涉及多方面的内容。所以，一些销售人员抵触跟单，并不是他们打心底里不愿意跟单，而是不会跟单，即不知道如何有效地与客户保持联系、为客户解决问题或提供有价值的信息，由此产生的畏难情绪使他们心生抵触。

总的来说，跟单技巧可以分为三个方面。

第一是跟客户建立良好的关系。这不是简单地发一条微信或打一个电话，而是要通过深入地了解客户，关注他们的需求和期望，以及及时回应他们的问题，从而建立真正有深度的商业关系。

第二是解决跟单过程中突发问题的技巧。销售人员需要具备快速而有效地识别问题、分析问题原因，并提供合理的解决方案的能力。这种技巧使销售人员能够在跟单过程中体现出专业性和责任感，从而提升客户对公司的信任度。

第三是专业知识。销售人员需要了解客户的行业趋势、市场变化以及产品或服务的最新动态，以便向客户提供有深度和专业性的信息。通过分享有价值的信息，销售人员能够在客户心中树立专业的形象，为以后建立长期合作关系打下坚实的基础。

那些缺乏跟单技巧的销售人员，有必要通过培训和学习来提升这些关键技能。通过不断学习和提升跟单的专业能力，销售人员将更自信、更有能力地执行跟单任务，从而减少对跟单的抵触情绪，提高业务执行力，进而实现更为显著的业绩成果。

5. 工作压力大

众所周知，销售业是一个竞争压力和业绩压力都非常大的行业，而这种压力，也可能间接导致销售人员抵触跟单。

究其原因，高压力可能导致销售人员对销售目标产生焦虑感。为了应对这种焦虑，销售人员可能更愿意采用短期的销售手段，比如忽略跟单而专注于寻找新的销售机会。这样的行为可能在短期内确实能带来一定的业绩，却牺牲了长期客户关系的建立，可能在未来影响业务的可持续性。

同时，高压力可能导致销售人员感到时间紧迫，从而降低了其在与客户互动中投入的深度和质量。跟单可能需要较长的时间来建立和维护客户关系，但在高压力下，销售人员可能更倾向于选择短时间内产生效果的销售活动。

对于这方面，需要公司在管理层面提供更合理的目标设定和压力缓解机制。通过合理的目标设定，可以减轻销售人员的工作压力，为他们提供更多的时间和空间去建立深层次的客户关系。同时，还可以培训销售人员在高压力环境下有效应对的技能，帮助他们更好地平衡短期目标和长期客户关系的发展，这样做将对整体销售绩效产生积极的影响。

6. 没有跟单动力

对于部分销售人员来说，他们觉得进行跟单工作并不足以激发他们的积极性，特别是当他们没有看到直接的回报，或者认为跟单无法给自己带来实质性的业绩提升时。这种缺乏动力的情况可能导致销售人员对跟单工作感到漠不关心，从而产生抵触情绪。

在一些行业中，跟单是一个相对漫长的过程，可能需要较长时间才能看到实质性的业绩提升。如果销售人员主要关注短期回报，而跟单的回报周期相对较长，他们可能会缺乏对工作的积极性。

公司的激励机制也可能影响销售人员的动力。如果公司没有建立有效的激励制度，或者激励制度与跟单工作的回报不匹配，销售人员可能会缺乏动力去投入跟单工作。

耐心，是跟单的必备品质

跟单是一项长期的工作，需要销售人员具备足够的耐心和恒心。相信大家也都明白，客户在做出成交的决定之前，通常需要经历一系列的步骤，包括对比不同商家的不同产品、与他人商量、收集相关的信息等，而这一切都需要时间。如果销售人员没有足够的耐心，等不到客户做完这一系列动作，或者在客户下定决心之前就催促他们成交，结果往往会无功而返。

成交的一个前提是客户足够信任你，而这种信任，是销售人员在跟单的过程中，通过倾听客户需求、回答问题，并提供全面支持而建立起来的。当然，销售人员要想获得客户的信任，耐心是必不可少的，因为通常需要较长的时间才能获得客户的信任。

在处理客户异议或遭到客户拒绝时，拥有耐心是销售人员能够冷静应对的关键。耐心地理解客户的立场，提供适当的解释或解决方案，才有机会改变客户的看法，最终促成交易。

销售人员跟单是促成短期交易的方法，更是与客户建立长期业务关系的过程。通过耐心地与客户保持沟通、了解他们的变化需求，并及时回答客户的问题，销售人员能够长期保持与客户的合作，促使更多的复购业务。拥有耐心也能使销售人员适应不同客户的步调，根据客户的需求和进展情况逐步推进，从而提高成功的机会。

张丽是一位特别厉害的销售人员，她在一家高端科技产品公司工作。有一天，张丽接触到了一位潜在客户王先生，他是一家大型企业的决策者，正在寻找一套先进的办公解决方案。

王先生对科技产品的要求颇高，他需要办公系统能够高效运行、与现有软件兼容，同时还要满足公司未来的业务拓展需求。张丽明白这是一笔巨大的交易，而要想赢得王先生的信任和业务，她知道需要付出更多的努力。

于是，张丽开启了她的销售跟单之旅。在起初的沟通中，王先生提出了许多具体问题，涉及系统性能、技术支持、价格等多个方面。张丽并没有匆忙地回答他，而是细心地倾听，确保自己理解了每一个问题背后的关切。

随着时间的推移，王先生的问题越来越多，涉及了更加复杂的技术细节问题。有时候，王先生的问题甚至超出了张丽的专业领域，但她从不急躁，总是耐心地解释，或者及时引入公司的技术专家来提供支持。

在整个跟单的过程中，张丽没有试图急于推动交易，而是聚焦于建立稳固的客户关系。她主动向王先生分享公司有关产品的最新动态，提供了一些实际案例以证明公司产品的可靠性，还不时向王先生发送一些行业趋势的分析报告，以便他更好地了解市场。

之后，在几个月的时间里，王先生对张丽及其所在公司的信任逐渐增强。他看到了张丽在整个过程中的耐心和专业，认为这是一个可靠的合作伙伴。最终，他决定选择张丽所在的公司提供的解决方案，双方达成了一笔重要的合作交易。

对于一名成熟的销售人员来说，耐心不仅是等待，还是一种积极沟通和建立关系的态度，为长期业务的成功奠定了坚实的基础。大部分公司会教给销售人员催单的方法，而一些销售人员把这些内容奉为圭臬，却忘了催单是有前提的，那就是通过跟单，与客户建立坚实的信任关系。

既然达成了这个共识，那么接下来销售人员的核心问题就是如何培养耐心，做好跟单工作。

1. 调整好跟单的心态

在跟单工作中，销售人员经常会遇到各种各样的困难，如客户需求的不断变化、项目进度的延误、与合作方的沟通协调不顺等。面对这些困难，销售人员需要具备良好的心态来应对，以便更加高效地解决问题。

在面对困难时，销售人员要学会平静地应对，不要让负面情绪影响自己。销售人员可以通过以下几个方面来调整心态。

（1）认识到解决问题是一个过程，需要时间和耐心。遇到难题时，销售人员要有信心去解决，不要急于求成，否则容易出错。

（2）学会释放压力。在工作之余，销售人员要学会放松自己，或与家人、朋友交流，或参加一些有益身心的活动，以缓解工作的压力。

（3）不断学习，提升自己的专业能力和综合素质，这样才能更好地应对工作中的困难。

在与客户、合作方沟通时，保持积极的心态是非常关键的。销售人员表现出自信和热情不仅是一种良好的沟通技巧，更是展示个人专业素养和诚意的重要途径。通过积极的沟通态度，销售人员能够与客户建立起良好的关系，从而使合作更加顺畅。

首先，自信和热情的表现是积极的沟通氛围的创造者。当一名销售人员展现出自信和热情时，能够传递出积极向上的能量，使客户感受到销售人员的积极态度，从而增强沟通的效果。这种正能量对于打破沟通障碍、建立信任关系至关重要。

其次，自信和热情的表达是展示专业素养和诚意的有效手段。客户、合作方在与销售人员交流时，往往会通过沟通方式和表现来评估销售人员的专业水平和真诚度。持有积极的心态能够让客户感受到销售人员对工作的热忱和对合作的认真态度，从而与之建立更加牢固的合作基础。

最后，相信自己有能力克服困难是保持积极心态的重要一环。在面对挑战和困难时，相信自己的能力是战胜困难的第一步。这种自信心使销售人员能够更加冷静、果断地应对问题，从而找到解决方案。同时，这种积极的信念也能够激发销售人员不断进取，追求更高的目标。

2. 自我约束

在跟单的过程中，销售人员要有意识地培养自我约束力。当遇到问题时，不要轻易表露出烦躁，要学会克制自己的情绪，这样就可以更好地应对各种挑战。

作为一名销售人员，你在遇到问题时，烦躁不安是无济于事的。在这种情况下，销售人员需要保持冷静，通过自我约束来克制自己的情绪。要学会在压力面前保持沉着，以积极的心态去面对挑战。唯有如此，才能更好地应对各种问题，找到解决问题的方法。

在与客户、合作伙伴的沟通中，销售人员可能会遇到不同的意见和需求，甚至会遇到客户的一些不合理的要求。此时，成熟的销售人员会耐心倾听对方的意见，尊重他们的需求。通过自我约束，销售人员可以更好地控制自己的情绪，以平和的心态去处理问题，从而达到双方满意的结果。

此外，自我约束力还能帮助销售人员更好地管理时间。在跟单过程中，销售人员需要同时处理多个任务，合理分配时间。通过自我约束，销售人员可以避免因为琐事而感到焦虑，而是按照计划有条不紊地完成任务。这样，既能保证工作的高效进行，又能确保工作的质量。

敢于跟单就已经成功了一半

跟单，是一项充满各种挑战和不确定性的工作。在这个过程中，销售人员不仅需要面对激烈的市场竞争和内外部压力，更重要的是，需要解决客户不断提出的各种问题和需求。这就要求销售人员具备强大的抗压能力和过硬的专业素养，同时还要拥有跟单到底，不成交誓不罢休的勇气。

销售人员的这种勇气体现在对外部压力的积极应对上，做到敢于冒险、挑战，不轻言放弃等；同时，也表现在克服内心障碍上，即使面对各种拒绝，也能够坚定自己的信念。在决策和执行方面，有勇气的销售人员能够果断做出决策，并坚定地将其付诸实践，不因害怕失败而犹豫。同时，勇气还有助于建立自信，使销售人员更容易与客户或合作方沟通，增强合作的信任感。因此，这种积极的态度和勇气在竞争激烈的销售环境中是非常宝贵的，能够为销售跟单成功打下坚实的基础。

李阳虽然是个销售新手，但是通过阅读相关专业书籍，以及向前辈请教，他深知勇气与毅力对于一名销售人员的重要性。因此，他始终秉持着用勇气跟单，不惧怕跟单过程中的各项困难的原则，努力提升自己的职业素养和品质。

一天，公司分配给李阳一个艰巨的任务：向一位挑剔的客户推销一款新型产品。这位客户名叫张先生，被业界誉为“最难搞的客户”。在之前的合作中，许多销售人员都败下阵来，让公司损失了不少商机。然而，李阳却毫不畏惧，他相信只要用心去了解客户的需求，运用自己的勇气和智慧，一定能成功地打动张先生。

在跟单的过程中，李阳遭遇了种种困难。第一次拜访时，张先生毫不留情地拒绝了他；第二次拜访时，李阳精心准备的方案又被张先生批得体无完肤。然而，这些挫折并没有使李阳丧失信心。他反而更加坚定地相信，成功就在不远处，只要自己勇敢地迈出每一步，就能离目标更近一步。

为了更好地了解张先生的需求，李阳对产品进行了深入研究，并拜访了多位行业内的专家，寻求他们的建议。在一次又一次的失败和总结中，李阳逐渐找到了突破口。他发现张先生关心的是产品的性价比和售后服务。于是，李阳针对这两个方面制订了详细的计划，并携手公司团队共同努力，聚焦于提升公司产品的竞争力。

终于，在第五次拜访时，李阳成功地打动了张先生。张先生不仅对其公司的产品表示满意，还对其公司认真负责的态度给予了高度评价。

最终，李阳成功签订了这张大单，为公司带来了丰厚的利润。

对于销售人员来说，勇气和毅力是必不可少的职业素养和品质。在面对困难时，大家要学会勇敢地去面对，不畏惧失败，坚定信念，一步一个脚印地追求成功。只有这样，才能在激烈的市场竞争中立于不败之地，为公司创造更多的价值，也为自己的未来创造更多可能和发展空间。

要想提升跟单的勇气，销售人员可以尝试以下三种方法。

1. 深入了解公司的产品或服务

销售人员是否了解自家公司的产品或服务，他在面对客户时表现出来的状态是完全不同的。有的销售人员能够侃侃而谈，轻松地应对客户的各种问题，让人觉得非常专业；有的销售人员说话磕磕巴巴，对于客户的问题也是顾左右而言他，根本无法取得客户的信任。两者的差距，就在于是否了解公司的产品或服务。

通过深度了解产品，销售人员能够清晰地把握产品的独特卖点、优势特性，从而更好地满足客户的需求。这种全面的了解有助于销售人员建立起对产品的自信，在面对客户时能够更加坚定地传达产品的价值，不容易受到客户置疑或竞争对手挑战的影响。

同时，深入了解产品还能够提高销售人员的专业素养，使其能够更深刻地理解产品与市场的关系。通过把握产品的市场定位、目标客户群体及竞争对手的情况，销售人员能够更准确地定位产品在市场中的位置，为跟单提供更有力的支持。

此外，深入了解产品或服务还有助于销售人员在客户交流中更加自如地回答各种问题。客户往往会提出关于产品性能、功能、使用方法等方面的问题，销售人员如果对产品了解得深刻，就能够迅速、准确地解答，增强客户对销售人员的信任感。这种信任感是建立在专业知识的基础上的，有助于销售人员更有勇气地推进跟单的过程。

2. 建立强大的产品知识体系

那些资深销售人员和顶级销售人员为什么能够轻松自如地应对跟单？根本原因就在于他们具备相当扎实且丰富的知识体系，无论客户提出怎样的问题，他们都有相对应的解决方案。因而，这类销售人员从来不会惧怕跟单，更不会畏惧跟客户“正面交锋”。

对于销售新手和需要成长的销售人员来说，培养跟单勇气的一大方法就是建立强大的产品知识体系。销售人员可以通过两个方面来进行。

第一是参加各类培训和专业讲座，这样销售人员不仅可以深入了解公司的产品，还能够对整个行业的动态有清晰的认识，也可以帮助销售人员紧跟市场变化，了解最新的技术趋势和市场需求，从而更加全面地掌握产品的发展方向。

第二是学习行业信息。销售人员需要时刻关注行业新闻、市场趋势及竞争对手的动向等，以便随时调整销售策略。通过对市场信息的深入了解，销售人员能够更加深入地理解客户的需求和痛点，提前做好准备，提高在跟单过程中的决策能力和应对能力。

3. 接受拒绝并从中学会吸取教训

在跟单过程中，被拒绝几乎是不可避免的。销售人员要学会接受这一现实，并从中吸取教训。拒绝并非销售的终点，而是一个为销售人员提供改进机会的起点。

首先，接受拒绝是销售人员成熟的表现。正视拒绝，销售人员要有坚忍的心态，不轻言放弃，积极寻找问题所在。了解客户拒绝的原因是关键的一步，可能是产品特性不符合客户的需求，可能是沟通方式有待改进，也可能是竞争对手的优势更为突出。通过深入剖析客户拒绝的原因，销售人员可以更有针对性地调整销售策略，提高跟单成功的机会。

其次，从拒绝中吸取教训是持续改进的关键。拒绝是市场和客户的反馈，是对销售人员的销售策略和表现的一种评估。通过分析客户多次拒绝的情况，销售人员可以形成更全面的认识，找到潜在问题并制订相应的改进计划。这种反思和学习的过程，不仅能够提高销售人员的专业水平，还能够增强其在未来跟单中的勇气和自信心。

最后，接受拒绝也是建立客户关系的一部分。在面对拒绝时，销售人员要保持专业和礼貌，不要因客户的拒绝而产生负面情绪。客户在拒绝时可能提供了宝贵的反馈，保持积极的沟通态度有助于维护良好的客户关系。有时候，即使某次交易未能成功，只要与客户建立了积极的沟通方式和良好的关系，就可能会在未来为销售人员带来更多的成交机会。

第二章

跟单就要现在！立刻！马上！

不要让客户在“再想想”这段时间忘记你

相信绝大多数销售人员，甚至可以说几乎百分之百的销售人员都听客户说过这样一句话：“行，那我再想想。”这句话看似平常，却让许多销售人员感到困惑和无助。他们分辨不清客户是真的需要考虑一下，还是只是随便说说。

对于新手销售人员来说，可能因为经验不足，一时间找不到合适的话术，只能说一句：“好的，先生/女士，那我过段时间再联系您。”客户对此的回答通常是：“好的。”然后，等过了三五天销售人员再联系客户时，客户很可能已经忘记这件事了，这样之前跟单的努力就都付诸东流了。

出现这种情况时，销售人员要从两个角度去看待。

首先，思考客户为什么会说“再想想”。这个问题的根源基本上都在于销售人员没有充分了解客户的需求，没有解决对方相关的疑虑。换言之，就是前期的跟单工作做得不够充分。因此，解决这个问题的关键在于销售人员需要学会如何与客户建立信任关系，并深入了解客户的需求和疑虑。

在听到“再想想”时，销售人员不要自乱阵脚，而要学会通过询问的方式引导客户表达他们需要“再想想”的原因。比如，销售人员可以问：“您对这个产品还有哪些方面的疑问吗？”或者“您是在考虑价格方面的问题吗？”通过这种方式，销售人员可以更好地了解客户的需求和疑虑，并为客户提供更符合他们需求的解决方案，进而打消他们“再想想”的想法。

其次，如何做才能让客户在“再想想”这段时间里牢牢记住你。在讲解具体的方法之前，先带大家看一个案例。

王晓是一名销售人员。有一天，她所在的门店来了一位客户刘先生。刘先生对门店的产品非常感兴趣，但最后表示需要再考虑一下。

和很多销售人员选择默默等待的方式不同，王晓采用的是主动出击的战术。值得注意的是，她并没有频繁地打扰客户的正常生活，而是通过一些不引起对方反感的方式来保持联系。

首先，王晓时不时地通过微信给刘先生发一些问候，内容不仅仅涉及产品，还包括一些轻松的聊天和关于刘先生兴趣爱好的话题。这样的交流方式使得沟通变得更加人性化，让刘先生感受到销售并不仅仅是为了推销产品，更是在建立一种友好而紧密的关系。

其次，王晓善用朋友圈的功能，时不时地更新一些与产品相关的信息，但并不强调推销。这让刘先生在浏览朋友圈时会偶尔从王晓那里看到一些与产品相关的内容，而不觉得自己被过度推销。这种润物细无声的宣传方式在潜移默化中渗透刘先生的意识中。

王晓的用心付出并没有被刘先生忽略。没过多久，刘先生主动联系了王晓，表达了他对产品的兴趣并表示愿意达成交易。在交谈中，刘先生提到他看到王晓微信上的信息，感觉那正是他一直在寻找的解决方案。

1. 建立良好关系

要想让客户不忘记你，在跟单的过程中销售人员与客户建立良好的人际关系是非常关键的。这种关系可以是专业的、友好的、真诚的，其中任何一种关系都可以让你在客户接触到的众多销售人员中变得不一样，并牢牢记住你。

很多时候，为自己树立专业的形象是与客户建立良好关系的基础。因为作为销售人员，你在跟单的过程中，需要展示足够的专业知识和经验，如提供详细的产品信息和对应的讲解，以及分析市场趋势和竞争产品，这样能使你更容易赢得客户的认可和尊重，从而与客户建立良好关系。

2. 发一段总结性信息

在客户表示“再想想”之后，销售人员可以在合适的时间给客户发送一条消息，对过去的跟单过程进行总结。

在编写这条消息时，销售人员应该注意以下几点。首先，语言要简洁明了，避免使用过于专业或复杂的术语，确保客户能够轻松理解。其次，要突出客户关心的重点，让客户感受到销售人员对他们的关注和了解。最后，要强调公司和产品的优势，以及解决方案的针对性，让客户认识到这些关键信息对他们问题的解决和业务的发展具有重要的意义。

3. 定期更新信息

在这个信息爆炸的时代，客户很容易被各种信息所淹没。所以，销售人员要想让客户始终记住你，关键在于保持与客户的持续互动。

首先，要让客户时刻“看到”你，你要不断向客户传递与产品或服务相关的新信息。这不仅包括产品新功能、价格调整等基本信息，还可以包括特别的促销活动、案例研究以及适用的参考资料等。通过这些信息的传递，不仅可以增加客户对你的关注度，还能展示你的产品或服务的实际效果，从而增强客户对你的信心。

其次，如果你有客户的微信，或者有其他平台的联系方式，也要充分利用起来，确保自己能够时常出现在客户的视野里。通过这些平台，你可以发布关于产品更新、成功案例、行业趋势等内容，让客户时刻感受到你的存在。同时，也不要过分打扰客户，发布频率要适度，不要过于频繁，发布的内容要突出关键词，不要冗长。

4. 电话，永远是最直接有效的方法

打电话是一种直接、有效的沟通方式，在跟单的过程中发挥着重要的作用。因为你可以通过打电话“强制”性地把客户的注意力放到你身上。

在适当的时候，打电话向客户致以问候，询问客户是否有疑虑或问题需要你的解答。通过直接交流，可以更好地了解客户的需求。

总之，当客户说“行，那我再想想”时，销售人员首先要表现出理解和尊重，不要喋喋不休，挤压客户思考的空间。在后续的跟单过程中，销售人员可以通过持续性的联系，让客户记得你的存在，并通过沟通技巧了解客户的需求和疑虑。只有这样，销售人员才能更好地满足客户的需求并与之建立长期的信任关系。

在合适的时间联系客户

跟单讲究紧迫性，销售人员要保持与客户的联系，不要让他们忘记你。但是也要注意一点，那就是在跟单的过程中，必须考虑到客户的时间和需求，选择合适的时机进行联系，这样才能够更有效地与客户建立良好的合作关系。

销售人员可以选择客户比较空闲、不受打扰的时间段与他们沟通，如此可以确保他们更加专注地倾听和参与对话。如果你选择客户比较忙的时间段，比如客户正在参加一个非常重要的会议，你这个时候给他打电话，沟通的效果就会比较差，甚至会引起对方的反感。

张明在一家科技公司工作，负责推广公司最新推出的智能办公。有一天，张明接触到一个潜在客户，是一家小型创业公司。这家小型公司一直在寻找提高办公效率的解决方案，因此，智能办公产品正好符合他们的需求。

在初次接触后，张明迫不及待地想要与客户取得更多联系，以促成交易。然而，他在了解客户的工作习惯后，意识到在白天时段，这家公司的员工都非常繁忙，难以腾出时间与他沟通。

于是，张明决定选择一个合适的时间联系客户。他仔细分析了客户的业务运营情况，发现这家公司的员工普遍在晚上才有较多的自由时间。因此，他决定在晚上的时候与客户联系，以确保他们在没有其他工作干扰的情况下更专注地倾听他的产品推介。

在晚上的电话沟通中，张明巧妙地介绍了自己公司的智能办公产品的各项优势，解答了客户的疑虑，并提供了一些定制化的方案。由于他选择了合适的时间与客户进行联系，这次沟通非常成功，客户表达了浓厚的兴趣，并表明愿意进一步了解产品。

随着时间的推移，张明在晚上不断与该客户保持联系，通过电话、邮件等多种方式，为该客户提供更多的详细信息，并与其建立了深厚的合作关系。最终，这家小型创业公司选择了张明推荐的智能办公产品，且成为张明所在公司的重要客户。

这个案例告诉销售人员，在与客户沟通的过程中，选择合适的时间是非常重要的。只有抓住了最佳时机，才能让销售工作事半功倍。同时，这也体现了销售人员对客户的尊重和关心，是提高销售业绩的关键因素。

那么，销售人员应该如何选择合适的时间点去联系客户呢？大家可以参考以下三种方法。

1. 了解客户的工作日程

不同行业和不同人群有着不同的工作和生活规律，深入了解客户的日常作息，有助于正确地选择客户更容易接受沟通的时段进行跟单活动。

首先是上班时间段。了解客户的上班时间段，可以避免在繁忙的工作时段打电话或发微信、短信，从而保证沟通的高效性。这也展现了销售人员对客户时间的尊重和关心，有助于建立积极的客户关系。

其次是重要会议时间。有时候，一些比较忙的客户可能整天都在开会，此时如果销售人员选择与其联系就不太合适。通过事先了解客户的会议时间表，销售人员可以避开这些时间段，选择更加适宜的时机进行沟通。

最后是作息时间。在客户休息的时候联系，不仅会让他们感到被打扰，还可能降低沟通效果。通过了解客户的日常作息，销售人员可以选择在他们相对放松的时间段进行联系，以更好地引起客户的注意。

2. 询问客户的首选联系时间

初次与客户接触或建立联系时，销售人员可以直接向客户询问他们的首选联系时间。不同的客户有不同的工作和生活安排，有的可能在白天比较繁忙，而有的可能在晚上更忙。通过直接询问，销售人员向客户传递了“我重视您的时间，我们的沟通应该在您方便的时候进行”的信息，这样可以增强客户对销售人员的好感。

而且，客户在自己比较轻松的时间更容易专注于与销售人员进行沟通，能够更好地理解销售人员提供的信息。销售人员通过事先了解客户的首选时间，有计划地选择在这个时间段进行电话、视频会议或其他形式的沟通，以确保客户更为专注地参与其中。

最主要的是，通过这种方式，客户会感受到销售人员的关切和贴心，从而更愿意与其建立积极的合作关系。

为了更好地实现这一目标，销售人员可以采取以下几种策略来询问客户的首选联系时间。

一是开放式提问。使用开放性问题来了解客户的时间安排，比如“您方便的时间是什么时候？”或“您下周哪些时间段有空闲？”等。这种提问方式能让客户自由地表达自己的时间安排，有利于销售人员了解客户的真实需求。

二是提供选项。销售人员可以提前准备一些时间选项，然后询问客户哪个时间段最适合他们。比如，销售人员可以说：“我这里有以下几个时间选项，请问哪一天您比较方便见面或通话？”这样既体现了对客户的尊重，又提高了沟通效率。

3. 灵活运用微信、邮件和短信

有的时候，如果电话联系不方便，尤其是销售新人不敢主动询问客户的时间，那么就可以灵活地使用微信、邮件或者短信联系客户。这种案例在日常的工作中很常见。

通过文字建立联系，客户也可以在自己的时间内仔细考虑并予以回复。这种方式既尊重了客户的时间，又给予了他们更多选择的权利。

对于销售人员来说，在微信、邮件或者短信中，可以简明扼要地介绍跟单的内容，并向客户提出具体的问题，以便更好地了解客户的需求和反馈。这种提前的信息沟通有助于为后续的电话或会面做好准备，提高沟通的质量。

另外，这种不用马上回复的联系方式，也有助于销售人员与客户建立一种更加开放和合作的氛围。客户在表达自己的时间偏好时可能更愿意分享一些额外的信息，这有助于销售人员更好地理解客户的独特需求，为后续的沟通提供更多的参考。

被拒绝≠跟单结束

在前文中已经简要讲述过，跟单时，销售人员面临着各种各样的挑战，被拒绝更是常态。然而，要想做好跟单，不断提升自己的业绩，销售人员就必须学会应对拒绝，并以正确、积极的心态去面对各种挑战。

无论是新客户还是老客户，都有可能因为各种原因而拒绝销售人员的提议。因此，销售人员需要做好充足的心理准备，以应对这种状况。销售人员只有接受了拒绝，才能更好地了解客户的需求和心理，从而找到突破口，实现自己的销售目标。

在一个大型的商业展览中，销售经理王杰发现了一个潜在的大客户——一家制造业巨头。他充满信心地走上前去，向该公司的采购经理介绍了自己的产品，并希望能够为其提供解决方案。

然而，这位经理并不像王杰预期的那样立刻对其产品表现出浓厚的兴趣。他表示自己公司已经有了一些合作伙伴，而且对于产品的需求也有一些固定的供应商。王杰听到这个消息后，并没有气馁或灰心，反而以正确积极的心态去面对这件事情。

王杰决定深入了解对方提到的合作伙伴和供应商的情况。他虚心地请教了一些关于该行业的具体问题，并向这位经理展示了他对客户需求的深刻理解，之后提出了一些可行的解决方案。他强调了自己公司产品的独特之处，以及如何在质量和服务方面超越其他供应商。

在接下来的几天里，王杰通过邮件和电话继续保持与这位经理的联系，不断地为其提供有关产品的详细信息和实际案例。他还特意询问了这位经理的首选联系时间，以确保沟通时不会打扰到对方的工作安排。

王杰展现了极大的耐心和专业素养，他并没有因对方第一次的拒绝而放弃。相反，他通过持续的努力和关注，逐渐赢得了这位经理的信任。当这家公司提出重新评估供应商时，这位经理在第一时间想起了王杰的专业和坚持，最终选择了与王杰的公司建立合作关系。

就像案例中的情况一样，有的时候客户拒绝销售人员，并不代表着销售人员的能力有问题，或者其公司的产品和服务没有可取之处。而是因为客户在做出购买决策时，会根据自己的需求、预算、市场竞争状况等多方面因素进行权衡。

另外，销售人员被拒绝不等于跟单结束，哪怕客户十分明确地表示，他不喜欢销售人员推荐的产品或服务，销售人员也可以把这次拒绝当作一次宝贵的学习机会，不断提升自己的沟通能力和服务水平。

通过上文的案例，销售人员要明白一个道理，很多时候客户之所以会拒绝，可能是因为他们尚未感受到销售人员所销产品的价值或者对产品存在误解。销售人员应该借此机会，反思自己的推销策略，学会更好地解读客户的心理，找到合适的切入点，让客户认识到其所推产品的优势。

在被拒绝之后，销售人员要改变自己的跟单策略，要保持足够的耐心，给予客户足够的时间和空间来思考。在后续的沟通过程中，要真诚地关注客户，尊重他们的意见，倾听他们的声音。这样，客户才会愿意再次敞开心扉，与销售人员分享自己真正的需求和担忧。在此基础上，销售人员才能为客户提供有针对性的解决方案。

了解客户的需求和顾虑后，销售人员要针对这些问题提供合适的解决方案。解决方案不仅要符合客户的需求，还要体现出公司产品和服务的优势。此外，销售人员还要善于调整方案，以适应客户不断变化的需求，从而提高销售成功率。

此外，销售人员要学会换位思考。如果能站在客户的角度，销售人员可以更好地理解客户的需求和担忧，从而找到更适合客户需求的解决方案，提高销售的成功率。同时，换位思考还能帮助销售人员更好地与客户建立信任关系，为今后的业务拓展奠定基础。

另外，客户在选择产品或服务时，除了关注产品本身的价值，还会重视销售人员的服务态度和专业水平。因此，销售人员要时刻关注行业动态，掌握最新的产品知识，以便在客户需要时为其提供及时、准确的解答。

最后，销售人员要学会调整自己的心态，把每一次拒绝都当作是一个成长的过程。在这个过程中，不断积累经验，磨炼意志，增强自信。销售人员只有具备坚定的信念和毅力，才能在这个竞争激烈的行业中成就一番事业。

回应客户的速度，就是成单的速度

在跟单的过程中，销售人员应始终保持积极主动的态度，对客户提出的问题尤其要给予足够重视。这是因为，客户提出问题往往意味着他们对产品或服务存在疑惑，或是对交易过程有不确定之处。在这种情况下，销售人员需要在第一时间予以回复，以确保客户得到满意的解答，进而促进交易的顺利进行。

首先，及时回复客户的问题表明销售人员的专业素养和敬业精神。客户遇到问题时，通常期待能够得到快速、准确的答复。如果销售人员能够在第一时间做出积极的回应，这将使客户感受到销售人员的专业水平和对业务的认真态度，从而增强对销售人员的信任感。

其次，及时回复客户的问题有助于防止客户的疑虑或困扰进一步扩大。客户之所以提出问题通常是因为对产品、服务或交易流程有疑问或需要更多信息。如果销售人员能够及时解答客户的问题，消除客户的疑虑，那么有助于维护客户的满意度，避免客户因不明白而犹豫不决。

最后，及时回复客户的问题可以为销售人员提供更多展示产品或服务的优势的机会。销售人员可以在回答客户问题的同时，巧妙地突出产品的特点、解决方案的优势，从而促使客户更深入地了解和认可销售人员所推的产品或服务，为后续的谈判和成交创造有利的条件。

某城市有一家新兴的科技公司，该公司他们专门从事高性能电子产品的研究、生产和销售。这家公司的销售经理，名叫张志，是一位非常敬业的销售人员，对待客户总是热情周到，耐心细致。

有一天，该公司接到一个来自海外的订单，客户对该公司的一款新型高性能笔记本电脑产生了浓厚的兴趣。这款笔记本电脑采用了前沿的技术，具备强大的性能和轻薄的机身，是市场上的一款热门产品。然而，这位海外客户对产品的具体性能和售后服务还有一些疑问，于是就发了一封邮件给张志。

张志收到邮件后，立刻意识到这是展示自己和服务水平的好机会。他迅速地查阅了产品性能和售后服务的相关资料，在认真准备后，立刻回复了客户的邮件。他在邮件中详细地解答了客户的疑问，并且表示如果客户还有其他问题，欢迎随时提问。

过了不久，客户回复了张志的邮件，表示对张志的专业素养和热情服务非常满意，对产品的性能和售后服务也有了更多的信心。他决定立即下单购买这款笔记本电脑。

然而，在订单成交之后，张志并没有松懈下来。他知道，优质的售后服务同样是维护客户关系的重要环节。在接下来的时间里，张志一直密切地关注客户的订单进度，确保产品能够准时送达。同时，他还定期与客户沟通，询问产品的使用情况并及时解答对方提出的所有问题，以确保其对产品的满意度。

客户收到笔记本电脑后，对产品的性能和售后服务都非常满意。客户感叹道："张经理，你们公司的产品和服务真的太棒了！下次我还会选择你们公司的产品。"

销售人员及时回复客户提出的问题，不仅展现了其职业态度和职业素养，更体现了其对客户的重视，如此也更容易与客户建立信任的关系。要想做到这一点，销售人员需要培养以下三种能力。

1. 快速反应的能力

跟单，其实就是一个发现客户问题和需求并加以解决的过程。因此，当客户提出问题时，销售人员要立即停下手中的工作，全身心地投入与客户的交流中。认真倾听是建立良好客户关系的基础，销售人员应该给予客户足够的关注，不让客户感到被忽视。这种专注的态度不仅展现了销售人员对客户需求的重视，也增强了客户对销售人员的信任感。

大家设身处地地想一想就能明白，如果你是一名消费者，当你向销售人员提出问题时，你肯定希望对方在第一时间就给你专业的、详细的答复。所以说，如果销售人员能够在最短的时间内予以详细而有针对性的回答，不仅能解决客户的疑虑，还可以展示自己的专业水平。这种积极回应客户问题的态度有助于建立良好的沟通氛围，让客户感受到尊重。

最重要的是，及时解决客户的问题不仅有助于与客户当前的交流，还能为后续的谈判和交易打下坚实的基础。客户在得到满意的答复后，才更愿意与销售人员进行深入的合作，因为他们看到了销售人员解决问题的能力和敬业精神。

2. 保证回复的专业性和准确性

需要强调的是，快速回复有一个大前提，那就是销售人员给出的答案必须是准确的、专业的、完整的。在追求回复速度的同时，销售人员不可忽略答案的质量，否则就是一种舍本逐末的行为。销售人员应该时刻保持对客户的负责态度，确保提供的信息是真实可靠的。

不管是关于产品特性、服务流程还是价格政策，销售人员给出的回答都应该基于准确的信息。如果有任何不确定或需要核实的地方，销售人员要诚实地讲出来，并承诺在最短时间内提供准确的答复。这种态度既能展现销售人员的专业素养，也能防止因不准确信息而引发的误导和误解。

另外，销售人员需要对销售的产品或服务有深入的了解，对行业动态和市场趋势有敏锐的观察力。专业性的回答，能帮助销售人员在客户面前树立专业的形象，增强客户对企业的信任感。

当客户提出的问题可能涉及多个方面的内容时，销售人员应该在回答时全面而详细地覆盖所有相关内容，确保客户对问题有全面的了解。不完整的回答容易导致客户对信息的不理解或遗漏，影响销售过程的顺利进行。

3. 注意跟进和反馈

给出答复只是解答客户问题的一部分，真正的重点在于客户是否认可你的回答并感到问题得到了解决。因此，销售人员在解答客户问题的同时，也要注意跟进和反馈。回复完客户后，销售人员应该在适当的时间主动询问客户是否满意，征得客户的认可。如果客户还有其他疑虑或问题，销售人员就需要耐心地听取并进一步解答，确保客户对问题有充分的理解。

对于要进一步解决的问题，销售人员须及时与客户沟通，告知客户解决问题的详细方案和预计解决时间，这可以展现销售人员的责任心和专业态度。这种主动的沟通有助于客户感受到销售人员的关注和重视，增加对销售人员的信任。

另外，销售人员要通过定期回访来了解客户对产品和服务的评价和建议。这样的信息反馈可以为销售人员不断提升业务能力提供有力的支撑。

给客户一个记住你的理由

身为销售人员应该明白，不管你身处哪个行业、哪个领域，你能联系到的任何一个客户，大概率还有其他公司的销售人员也在接触他们。在这种情况下，你就需要给客户一个记住你、选择你的理由。

徐明是一位销售人员，他在一家科技公司工作，主要负责销售智能化解决方案。这是一个竞争激烈的行业，很多公司都在竭力地争取客户的认可和合作机会。

在一次业务洽谈中，徐明遇到了一家大型制造公司的采购经理张先生。这家公司正计划进行数字化转型，要寻找一套智能化生产管理系统。徐明知道，这是一个极具挑战性的项目，竞争对手也纷纷对此表达出浓厚的兴趣。

徐明深知要想在这场激烈的销售竞争中脱颖而出，他需要给张先生一个强烈的理由记住他、选择他。于是，他采取了一系列巧妙的策略。

首先，徐明在与张先生的初次会面中，展现出对制造业的深刻理解。他详细分析了该公司当前面临的挑战和机遇，对数字化转型的前景进行了深入剖析。这让张先生觉得徐明不仅是一个销售人员，还是一个行业专家，对客户的业务了如指掌。

其次，徐明提供了一份个性化的解决方案。他带领团队深入研究该公司的业务流程和需求，为他们量身定制了一套智能化生产管理系统。这个方案不仅满足了客户的当前需求，还考虑到了客户公司未来的发展方向，给予了张先生极大的信心。

在整个销售过程中，徐明时刻保持着与客户主动沟通和及时反馈的状态。无论是在解决技术问题上还是在项目进展上，他都能迅速而准确地回应张先生的需求。这种高效的沟通让张先生感受到徐明及其团队的专业度和责任心。

最终，徐明成功地赢得了这个项目。张先生在做出决定时表示，徐明不仅为其提供了一套卓越的解决方案，还通过对行业的深刻理解、个性化的服务和高效的沟通赢得了他的信任。在众多竞争对手中，徐明因给客户一个记住他、选择他的理由而成功实现成交。

当然，销售人员要想找到一个让客户记住并选择的理由不是一件容易的事情。接下来，就给大家分享几个行之有效的方法。

1. 建立个人形象

作为一名销售人员，你要在客户眼中树立起专业、可信赖、富有亲和力的形象，需要展现深厚的行业知识、对客户需求的深刻理解，并为客户提供创新的解决方案。这一系列特质将有助于你在与客户交流中展示卓越的专业素养，从而更容易在客户心中留下深刻的印象。

首先，专业素养是建立个人形象的基石。要想深刻了解所销售的产品或服务，不仅要掌握产品的基本特点和优势，还需要对行业趋势、竞争格局等有全面而深入的了解。销售人员只有具备深厚的行业知识，才能在与客户的沟通中更具信心，能够为客户提供专业的建议和解决方案。

其次，要深刻理解客户的需求。销售人员应该投入时间去了解客户的业务、挑战和目标，而不仅仅是了解他们的产品需求。通过进行深入的需求分析，销售人员能够更准确地提供符合客户实际情况的解决方案，增加客户对销售人员的信任和认可。

在此强调一点，销售人员在制订解决方案时，要彰显出专业素养和行业洞察力，比如最新的市场动态、最新的技术趋势和创新发展等。通过这些内容，你可以在客户面前展现出对于未来发展的前瞻性思维，也能够凸显你们公司的领先地位，从而在客户心中建立专业、可信赖的形象。

2. 提供个性化服务

要想给客户一个记住你的理由，提供个性化服务是一个非常好的方法。由于每个客户可能有不同的优先事项、目标和预算，销售人员要根据客户的具体情况调整服务方案，确保提供的解决方案能够更好地满足客户的需求。具有灵活性和定制化的服务能够让客户感受到个性化的关怀，从而更容易记住你。

销售人员可以通过定期沟通、询问客户的反馈和需求，以及提供及时的支持和帮助来展现自己的真诚与关心。持续的支持不仅能够解决客户面临的问题，还能够增进与客户的关系，让客户感受到在业务上有一个值得信赖的合作伙伴。

这种提供个性化服务的做法能够使销售人员在客户心目中独树一帜。客户会记住销售人员不仅仅是一个推销产品的代表，更是一个真正关心他们业务成功的合作伙伴。通过提供独特的价值和定制的解决方案，销售人员能够赢得竞争，与客户建立深厚的关系。

3. 展现独特价值

这种独特的价值可以分为两个方面。第一是公司产品或者服务的优势和特点。销售人员要确保自己清晰地传达了产品或服务的核心价值，以及与竞争对手相比的独特之处。因为客户需要明白，选择你的产品或服务能够为他们带来何种实际好处，并解决他们当前面临的问题。

第二是讲清楚如何通过公司的产品帮助客户实现价值。比如，提供其他客户的真实案例、成功故事或具体的使用案例，展示产品或服务在其他客户身上取得的显著成果。通过具体的实例，客户能够更清晰地看到你的产品或服务是如何实现实际价值的，从而增强他们的信心。

当然，销售人员在表达的时候，不要有太强的目的性，要明确表达对客户的关切，并提供相应的支持和服务。客户需要感受到你不仅仅是在卖产品，更是在帮助他们达成业务目标。销售人员要做出长期合作的承诺，赢得客户的信任。

第三章

打仗需要策略，跟单需要技巧

让客户觉得自己是“唯一”

王磊在一家科技公司做销售人员。一天，他接触到了一家中型企业，他们对提升办公效率有着迫切的需求。

王磊并不急于推销产品，而是投入了大量时间与客户进行深入沟通。通过仔细倾听客户的需求，他了解到客户的困扰主要来自员工沟通不畅、文件共享不便以及办公设备效率低下。于是，王磊着手为他们提供定制化的解决方案。

首先，他精心设计了一场专属的产品演示。在演示过程中，王磊通过展示产品如何有效地解决客户具体的办公痛点，引起了客户的浓厚兴趣。他不仅仅关注产品功能，更注重展示如何贴近客户的业务需求，使客户感到自己的问题真正得到了理解。

随后，王磊为客户量身定制了一个服务计划。他根据客户的工作流程和特殊需求，调整了产品的部署方式、培训计划以及售后服务。这种个性化的服务计划让客户感到他们并非被套用标准模板，而是得到了专属关怀。

为了更好地维护与客户的关系，王磊定期组织面对面的工作培训，邀请客户参与公司的技术研讨会。这种亲密的工作关系不仅强化了客户与公司之间的合作，还使客户逐渐认同了王磊代表的品牌价值。

最终，在经过一段时间的深入合作后，客户不仅在业务效率上得到了显著提升，还逐渐对王磊及其公司形成了信任。他们开始将王磊视为专属的顾问，因为王磊一直注重于让他们感受到自己是独特且重要的。

其实，所谓的让客户觉得自己是“唯一”，就是要求销售人员在跟单的时候，拿出自己的专业性、真诚心，认认真真地对待客户，让对方感受到自己的努力和付出。这样做，不仅能够拉近双方的距离，建立良好的信任关系，也可以为接下来的成交打下坚实的基础。

要想实现这一目标，销售人员需要注意以下两点。

1. 认真倾听、理解客户的需求

有句俗语叫“拍马屁拍到马腿上”，大致意思是想讨好他人却用错了方法，反而自讨没趣。这种情形在跟单的场景中十分常见，其中很大概率的原因是销售人员没有真正理解客户的需求。

举个简单的例子，当客户问：“为什么你们家产品的价格比别人的贵呢？”他的本意可能是想了解公司产品的优势和特点。如果销售人员没有理解这一层意思，将其误解为客户是在质疑产品的价值，或者从其他销售人员那里得到了更低价格的承诺，那么接下来的沟通，就可能会出现驴唇不对马嘴的情况。这样一来，销售人员在客户心中的形象就会大打折扣。

销售人员要明确一点，倾听并理解客户的诉求，不仅是销售技巧的一部分，还是推动跟单进程的重要手段。这是因为，客户在购买过程中，不仅需要得到产品或服务本身，更需要得到尊重和关注。

销售人员要想真正让客户产生“唯一”的感觉，认真倾听只是一个前提，理解并给予足够的反馈和尊重才是重点。只有在客户感受到销售人员的真诚关怀时，他们才会对销售人员产生信任，进而对销售人员推销的产品或服务产生信任。

2. 重视客户，不等于一味地迎合客户

很多公司培训销售人员时，通常强调迎合客户以促成成交的做法。然而，这种过度的迎合可能会导致一系列问题，既损害了公司和销售的信誉，也在长远上阻碍了销售人员个人的成长。

某公司在与同行竞争的时候，为了快速地占领市场份额，采取了一种极端的策略，要求销售人员想尽一切办法迎合客户，以求在短时间内完成更多的交易。

销售团队接到这一指示后，纷纷展开了积极的迎合行动。他们为客户提供了一些不切实际的承诺，超越了公司正常的服务范围。也有一些销售人员为了尽快成交，刻意忽略了产品的实际适用性，仓促推荐了并

不符合客户需求的产品或服务。

在短时间内，公司的业绩确实有所上升，然而，问题也开始逐渐显现。客户在使用产品或服务后，发现与销售人员的承诺存在差异，开始纷纷投诉。公司为了维护形象，不得不迅速地处理这些问题，但售后成本和公司信誉的受损也逐渐显现。

随着时间的推移，公司的信誉遭到了极大的破坏。质疑声和投诉不断，原本对公司信任的客户开始流失。一些不满的客户甚至在社交媒体上发表负面评价，对公司形象形成了更大的冲击。

就像案例中展示的一样，销售人员如果一味地迎合客户，可能会做出一些超出公司承受范围的承诺，或者为客户推荐不合适的产品或服务。这样的行为虽然可能在短期内带来成交，但容易导致客户在后续阶段出现不满和投诉，增加售后困扰，对公司形象产生负面影响。

其次，一味地迎合客户也不利于销售人员个人的成长。真正的销售人员应该在与客户互动的过程中，通过了解客户需求、提供专业建议、解决问题等方式，与客户建立互信和长期合作的基础。如果销售人员只注重短期的业绩而忽视了真正满足客户需求的长期价值，那么其个人的专业素养和成长将受到限制。

最重要的是，这种一味迎合客户的做法对公司的长远发展很不利。客户不是靠过分的迎合而留住的，而是通过提供优质产品和服务，建立起长期的信任和合作关系。如果公司过分强调短期业绩而忽略了客户真正的需求，可能会导致客户流失和公司口碑下降，影响公司在市场上的竞争力。

因此，公司在培训销售人员时应注重培养销售人员的专业素养和长期发展的观念，强调真实的客户关系建设，而非一味地追求短期的成交。这样不仅有助于公司保持良好的声誉，还能够培养出更具潜力和长期价值的销售专业人才。

展示上次沟通的成果

跟单是一项长期且复杂的工作。它要求销售人员多次与客户沟通交流，一步步深入地理解他们的需求和痛点，从而为客户提供更精准、贴心的解决方案。这个过程就像要建筑一座稳固的桥梁，需要时间和耐心去夯实每一块基石。只有这样，与客户的沟通才能得以持续，从而取得实质性的成效。

在与客户联系时，有一个小细节需要销售人员特别注意：在进入本次谈话的主题之前，要先展示上次沟通的成果。许多销售人员，尤其是新手，往往容易忽视这个关键点。他们会认为，已经谈过的事情何必再提，这不是浪费时间吗？然而，事实并非如此。

首先，销售人员必须认识到，有的客户非常忙碌，他们未必能记住上次谈话的具体内容，甚至可能已经忘记了你是谁。再次提及，不仅有助于客户回顾之前的讨论，还能加深你在他们心中的印象。

其次，每个客户都会接触到众多同行销售人员，如果销售人员不做一次总结，让他想起来你是哪家公司的销售人员，他们可能会将你与其他销售人员混淆。你付出了大量努力，最后却可能为他人作了嫁衣。

因此，销售人员展示上次沟通的成果，既是对客户的尊重，也是对自己工作的负责。这样有助于巩固客户关系，提高沟通效率，从而提升销售业绩。

许亮在一家做办公软件产品的公司做销售人员，负责产品推广。他的客户之一王先生，是一家中型企业的总经理，对许亮所在公司的产品有浓厚的兴趣。

一天，许亮决定再次联系王先生，以进一步推动产品的销售。在与王先生进行电话沟通之前，许亮仔细回顾了之前的交流记录，包括上次的电话交流和邮件沟通。他意识到，通过总结上次的沟通成果，他可以更好地与客户建立联系。

许亮在刚开始通话时，先向王先生致以问候，并简要回顾了上次讨论的重点，提及了王先生对某一特定产品的兴趣点以及当时提到的解决方案。这一提醒让王先生迅速回想起上次的对话，并再次表达了对那个产品的兴趣。

通过展示上次沟通的成果，许亮成功地引起了王先生的注意，同时让对方感受到他的专业和用心。许亮进一步分享了一些新的产品特性和优势，同时结合上次的反馈，提供了更加个性化的解决方案。这种关怀和专业度让王先生感到自己备受重视，增强他对许亮的信任。

在后续的交流中，许亮始终保持这种总结上次沟通成果的习惯。他不仅在电话中回顾之前沟通的结果，还通过邮件提供了详细的总结和下一步计划。这不仅让王先生感到被认真对待，还确保了整个跟单过程的顺利进行。

最终，得益于许亮在跟单过程中巧妙地展示上次沟通的成果，王先生决定与该公司合作，并购买了他们的产品。

成交，信任为先。其实跟单就是一个不断获取客户信任的过程。销售人员在与客户交流，展示之前沟通成果的时候，需要注意以下三点。

1. 总结要精练，不能长篇大论

让大家做总结的目的，是帮助客户记起来你是谁，以及上次沟通都谈了什么，从而为本次的沟通能够顺畅做好铺垫。因此，总结一定要简短、精练，不要长篇大论，否则跟重新做一次自我介绍又有什么差别呢？甚至可能会让客户听得厌烦，对你产生心理抵触，那么，之前的努力和付出就都会付诸东流了。

在总结时，销售人员要着眼于关键信息，强调客户关心的核心议题，千万不要把之前沟通的所有内容都重复一遍。

那么，销售人员如何才能做好总结呢？第一，学会提炼关键信息。在总结时，只需提及上次沟通中最重要、最有代表性的内容即可。第二，注意语言简练。尽量用简洁明了的语句来表达总结，避免冗长复杂的句子。第三，注重表达方式。可以用一些修辞手法，如比喻、夸张、双关等，使总结更加生动有趣，更容易被对方理解和记忆。

2. 通过引导巧妙过渡到即将展开的主题

在总结上一次沟通的成果时，销售人员不仅要回顾已经取得的进展，还要巧妙地引导客户进入下一步的讨论。这种引导并不是简单地延续之前的话题，而是通过对上次讨论的总结，巧妙地连接到即将展开的主题。

销售人员可以通过强调客户的需求和关切点，明确地表达对客户期望达成的目标。比如，如果在上次讨论中客户表达了对某项服务的兴趣，销售人员可以巧妙地引导："回顾我们之前的讨论，我了解到您对服务X非常感兴趣，并且希望解决Y的问题。针对这一点，我们今天可以更深入地探讨，确保我们的解决方案能够更好地满足您的需求。"

此外，销售人员还可以适度透露一些即将介绍的信息，激发客户的好奇心："在接下来的谈话中，我将向您介绍一些新的解决方案，可能对您的业务有很大的帮助。我相信这是非常有价值的内容，您会很感兴趣。"

通过这样的引导，销售人员不仅能够保持对话的连贯性，使客户更容易进入新的议题，还能激发客户的兴趣和期待。这种过渡不仅在沟通中显得自然、流畅，还为接下来的合作打下了良好的基础。

3. 向客户确认自己的总结是否正确

在进行总结之后，销售人员要跟客户确认一下，对客户需求和期望的理解是否准确。这一步对于避免误解、提高沟通效果至关重要。

销售人员可以通过直接询问客户："在我们之前的讨论中，我了解到您对服务X有特定的需求，您对解决Y问题非常关心。为了确保我对您的需求理解得准确，您对这方面是否还有其他需要补充或更改的内容？”通过主动确认理解，销售人员表现出对客户需求的高度关注，能增强客户的满意度。

此外，销售人员还可以结合具体案例，进一步说明对客户需求的理解。比如：“您之前提到的关于提高效率的需求，我想分享一下我们成功地帮助有类似需求的客户实现这一目标的案例……”通过分享类似案例，销售人员不仅巩固了对客户需求的理解，还展示了对问题的解决经验，提高了客户对销售人员的信任度。

通过确认理解，销售人员不仅可以避免因误解而引发的问题，还能够更全面地了解客户的期望，从而更有针对性地提供解决方案，为未来的合作奠定坚实的基础。

跟单不只是交易，更是人情世故

跟单的目的是交易，交易的前提是信任，销售人员要想获取客户的信任，不单是靠专业的知识和产品便可以实现的。在展开讲解之前，大家先来看看一组场景对比。

有两家餐馆。其中一家的老板非常热情，经常亲自走到客人面前，询问他们的用餐感受，推荐特色菜品。他总是微笑着，展示出对客人的真诚关切。这种亲和力和热情使客人感到备受欢迎，愿意成为这家餐馆的常客。

而另一家餐馆，老板过于死板，几乎不与客人交流。他只在必要时露面，很少主动与客人互动。即使客人有特殊需求或反馈，他也只是生硬地解答和回复，缺乏主动解决问题的意愿。这种冷淡态度使客人感到不被重视，以致餐馆对客人的吸引力相对较低。

结果显示，第一家餐馆因老板热情、亲切的态度，吸引了更多的顾客。客人感受到被关注和被尊重，增加对餐馆的满意度。这种积极的人际交往使得餐馆不仅仅是用餐的地方，还成为人们聚集的社交场所，从而生意更加繁荣。

而第二家餐馆由于老板的死板态度，客人体验较差，生意也相对较差。客人在这里缺乏愉悦的体验，可能更愿意选择其他更具人情味的餐馆。

大家要明白，人们在就餐时追求的不仅仅是一顿美味佳肴，更是一种愉悦的消费体验。第一家餐馆的老板善于与人交流，懂得顾客的需求，这使得顾客在就餐过程中感受到了温馨和尊重。相比之下，第二家餐馆的老板则缺乏这种人际交往的能力，使得顾客在就餐时可能会感到冷漠和不舒服。

在与顾客交流的过程中，懂得人情世故的老板能敏锐地捕捉到顾客的需求，并及时满足这些需求。而不懂人情世故的老板则往往无法做到这一点，他可能只会按照规定的流程提供服务，忽视了顾客的个性化需求。

善于交往的人，往往能在顾客心中树立良好的口碑。人们在就餐后会愿意主动与亲朋好友分享自己的消费体验，这种口碑传播通常会带来更多的顾客。这也是他们生意兴隆的原因之一。

那么大家想一想，经营餐馆如此，销售人员跟单，与客户交往是否也是如此呢？答案是肯定的。

懂得人情世故的销售人员，不仅能准确地把握客户的需求，还能够用恰当的语言和态度让客户感受到被尊重和被重视。这种交流方式使得客户在购买的过程中感到愉悦，从而提高了其购买意愿。同时，这类销售人员还能够通过与客户建立良好的关系，使客户愿意主动分享自己的看法和想法。这种开放式的沟通方式有助于销售人员更深入地了解客户，进而为客户提供更加精准的建议和解决方案。在这种信任的基础上，销售人员更容易说服客户购买自己的产品。

相反，只会照本宣科的销售人员往往过于依赖公司培训时的话术，忽视了与客户建立真诚的人际关系。他们在与客户沟通时，会显得生硬和不自然，这种沟通方式很难让客户产生共鸣。由于缺乏真诚的交流，客户也很难对这类销售人员产生信任。在缺乏信任的基础上，销售人员要想打动客户，让他们购买产品或服务就变得更加困难。

那么在跟单的过程中，销售人员应该如何做，才能赢得客户的信任呢？大家可以参考以下三点。

1. 诚信为本

在销售这个充满竞争和挑战的行业中，诚信无疑是最关键的成功要素。销售人员在与客户互动的过程中，若想建立稳定的客户关系，提升业绩，乃至实现职业生涯的长远发展，就必须紧紧地把握诚信这一核心原则。

何为诚信？诚信就是真诚、正直、守信，它是销售行业的基石，同时也是企业和个人品牌的象征。在日常的跟单工作中，销售人员的诚信体现在以下四个方面。

一是真实展示产品或服务。销售人员要客观、真实地向客户介绍产品或服务的特点、优势和潜在风险，避免夸大其词或进行虚假宣传。这样既能确保客户在充分了解产品的基础上做出明智的购买决策，也有助于为自己树立销售口碑。

二是尊重客户的需求和意愿。销售人员应尊重客户的喜好、需求和担忧，不以欺骗或强迫的方式促使客户购买。尊重客户意味着真正关心他们的利益，从而与客户之间建立起信任和友谊。

三是履行承诺。在跟单的过程中，承诺是一种有力的说服工具。然而，一旦做出承诺，销售人员就必须全力以赴地兑现。否则，不仅可能导致交易失败，还会损害企业形象和客户信任。

四是保持真诚沟通。销售人员要真诚地对待客户，倾听客户的意见和建议，及时解决客户的问题。真诚沟通有助于消除客户的顾虑，增强客户对产品和服务的信任。

2. 关注客户的感受

在跟单的过程中，销售人员需要时刻关注客户的感受，站在客户的角度思考问题，让客户感受到温暖和贴心，从而拉近与客户的距离。这主要包括三点。

第一，沟通时，要与客户互动。比如，当客户阐述了某个观点时，销售人员可以表示认同。类似的互动可以让客户知道你在认真地听他讲。如果有能力，销售人员可以针对这个观点做更深层次的延伸，这样不仅能够加深客户对你的认同感，还可以为自己建立一个专业的形象。

第二，遇到客户提问时，要详细解答，确保客户理解。同时，要站在客户的角度思考问题，以客户的利益为出发点，为客户提供合适的解决方案。因此，销售人员需要具备丰富的专业知识和经验，以便为客户提供高质量的服务。

第三，销售人员要尊重客户，关心客户，与客户建立温情的关系。在与客户交流的过程中，要善于运用同理心，设身处地地为客户着想。关心客户的需求，为客户提供个性化的服务，让客户感受到温暖和贴心。

3. 关心客户的个人生活

销售人员在跟单的过程中，除了为客户提供优质的产品和服务，关心客户的个人生活也是拉近彼此距离、提升客户满意度的重要手段。适时地向客户传达关心，如在节日和生日时送上祝福，不仅能让客户感受到销售人员的真诚和热情，还能使客户对销售人员产生好感，从而提高交易的成功率。

当然，销售人员也要注意，关心客户要适度，避免过度打扰客户，以免引起客户的反感。同时，销售人员要注意保持与客户的距离，避免与客户过于亲密。

要专业，更要懂客户

在当今竞争激烈的市场环境中，销售人员若想取得成功，专业能力固然重要，但仅仅局限于专业是不够的。事实上，真正能够帮助销售人员赢得客户的，是深入了解和满足客户需求的能力。因此，销售人员一定要记住：要专业，更要懂客户。

专业和懂客户并不是非此即彼的关系。专业是指销售人员在某一领域具备扎实的理论知识和实践能力，而懂客户则是指销售人员要站在客户的角度去思考问题，了解他们的需求、痛点和期望。这二者之间的关系是相辅相成的。销售人员只有具备专业能力，才能更好地为客户提供解决方案；而深入了解客户，则能让销售人员在专业领域不断精进，为客户提供更加贴心的服务。

某家专注于为客户提供高品质服务的国际贸易公司，有着一支专业的销售团队，他们精通各国语言，了解国际市场动态，能够为客户提供专业的建议。然而，在公司的发展过程中，却出现了一个小小的瓶颈。

这家公司的销售业绩虽然一直处于稳步增长的状态，但有一段时间，业绩突然出现了下滑迹象。公司管理层十分重视这个问题，迅速组织了一次内部会议，探讨原因。在会议中，一位有着丰富经验的销售经理提出了一个观点：或许是因为在跟单过程中，过于注重专业性，而忽视了了解客户的重要性。

这位销售经理分享了一个案例。有一次，他跟进一个来自中东的客户。在谈判过程中，他发现客户对产品的质量、价格和售后服务都十分满意，但在最后关头，客户却选择了竞争对手的产品。原因竟然是，竞争对手的销售人员了解客户的宗教信仰和文化习惯，因此在商务宴请时，选择了符合客户口味的菜肴。而这个细节，恰恰是他们公司在跟单过程中忽略的。

这个案例引起了公司管理层的深思。他们意识到，在商务洽谈中，专业知识和技能固然重要，但了解客户的需求、喜好和文化背景，更是赢得客户信任的关键。于是，公司决定对销售团队进行培训，让他们学会从客户的角度思考问题，关注客户的细节需求。

经过一段时间的实践，公司的销售业绩逐渐回升。团队成员也认识到了，销售人员不仅要有专业知识，更要懂客户。在接下来的工作中，他们努力提高自己的专业素养，也开始关注客户的个性化需求。为了更好地服务客户，他们甚至学习了一些客户所属国家的语言和文化知识。

这家公司的销售团队在经历了这次挫折后，重新审视了自己的工作方式，终于找到了专业与懂客户之间的平衡。如今，他们不仅在国际市场上取得了更好的成绩，还与许多客户建立了深厚的友谊。

跟单并不复杂，就像人与人的交往，有的时候会因很小的一个点而产生友谊。客户也可能会因销售人员的某一个用心付出的点而对他心生好感，进而信任他。销售人员要做的，就是找到这样的点，与客户建立信任的关系。

其实，懂客户并不像一些销售人员想象的那么困难，以真心换真心，以真实的感受去交换真实的感受，就是真正的懂。以这样的懂为基础，获取客户的信任就是水到渠成的事情。

有一位年轻的妈妈想给孩子买一些婴幼儿用品，于是就在一个周末走进了一家专门销售婴幼儿用品的小店。她浏览着各式各样的婴幼儿用品，心里琢磨着该选购哪些产品更适合自己的宝宝。这时，销售人员热情地迎上前，微笑着与她聊天。

这位销售人员同样是一位宝妈，两人开始分享育儿心得，从喂养、护理到睡眠，无所不谈。销售人员分享了自己的经验，提供了一些建议，同时也细心地倾听了这位宝妈的需求和疑虑。

在交流的过程中，这位宝妈感受到了销售人员的真诚和专业。她发现这位销售人员不仅了解产品，更理解婴幼儿的需求和父母的苦衷。两人因此聊得非常投缘，这位宝妈感到仿佛找到了一个理解自己的知己。

最终，这位宝妈选择了一些婴儿用品，而且毫不犹豫地留下了她的联系方式。后来，两人成了很好的朋友，经常在购物之余聚在一起喝茶、聊天，分享着育儿的点滴和欢笑。

每当这位宝妈需要购买婴幼儿用品时，她都会优先选择这家小店。不仅因为产品质量可靠，更因为那位销售人员成为她的朋友。在她眼中，这家店的销售人员不仅是一位专业的顾问，更是一个懂得分享、理解并陪伴的知心朋友。

跟单很像交朋友，两个人在这个过程中不断交换自己的想法和顾虑，逐渐加深对彼此的了解。这种互动既是行为上的，同样是思想及情感上的。销售人员需要理解客户的观点和感受，并给出自己的理解。

上例中，销售人员与那位宝妈的沟通，正是体现了这一原则。她们在交流的过程中，相互理解，相互支持，最终建立起深厚的友谊。同样，销售人员在与客户沟通时，也要注重情感交流，关注客户的需求，以真诚和专业赢得客户的信任。

总之，跟单是一个双方互相了解、互相尊重的过程。销售人员只有真诚地付出，才能与客户建立起稳固的信任关系，为销售业绩奠定基础。

多问多听，抓住客户最真实的需求

许多人认为，优秀的销售人员应该具备出色的演讲能力，这样才能够说服客户购买自己的产品或服务。然而真正顶尖的销售人员不仅会说，更重要的是会听。

其实，无论是销售一款产品还是提供一项服务，其核心价值和竞争力都是公司培训的重点。这意味着，无论你如何在客户面前展示产品的优势，其他销售人员同样可以做到。因此，销售人员能力的差距并非体现在讲述产品优势上，而是在倾听客户的需求和反馈方面。

客户希望得到关注和理解，如果销售人员能真诚地倾听他们的需求，为他们提供有针对性的解决方案，那么，你将更容易获得客户的信任和满意度。通过对客户需求的深入了解，你还可以找到差异化竞争的优势，从而赢得竞争。

此外，倾听还能帮助销售人员更好地了解客户的购买意愿和决策过程。通过倾听，你可以判断客户所处的购买阶段，进而采取相应的策略推动销售进程。同时，倾听也能帮助你了解客户的疑虑和担忧，提前做好准备，化解潜在风险，确保销售目标的实现。

张婧的公司专注于为客户提供整套的智能家居解决方案。一天她接到了一个客户问询，对方是一个潜力巨大的客户，对于技术和服务的要求极为挑剔。

张婧的第一步是与客户公司的首席技术官（CTO）进行初步的交流。她开始以简单的寒暄打破僵局，然后用开放性问题引导谈话，询问该公司的发展历程、关键挑战以及未来的发展方向。通过这些问题，张婧使客户感到她对他们的业务关心并愿意倾听。

随着谈话的深入，张婧逐渐将话题引向了客户对于智能家居领域的期望和需求。她不仅问到了他们目前使用的技术，还深挖了客户对于用户体验、安全性和未来可升级性的关切。

在了解了客户目前的技术架构和面临的痛点后，张婧开始提出一些具体的问题，以更全面地了解客户的期望。她问道："在您看来，一个理想的智能家居解决方案应该具备哪些关键特性？"客户的CTO开始详细地描述了他们对于设备互联、数据隐私、系统稳定性等方面的要求。

张婧进一步问道："在过去的解决方案中，你是否遇到过技术瓶颈或是用户反馈的问题？"客户开始讲述他们曾经遇到的挑战，这为张婧提供了更多洞察对方的机会。

最后，张婧巧妙地问及：“如果我们能够为您解决这些问题并提供更符合您期望的解决方案，您希望我们在何时开始合作？”这个问题不仅强调了她对客户需求的理解，还表达了对未来合作的积极愿望。

通过这一系列的提问，张婧成功地发掘出客户真实的需求，不仅仅是技术层面上的，还包括了客户对于合作伙伴的期望。客户的CTO感受到了张婧的真诚和专业，最终对于合作表达了浓厚的兴趣。这次成功的交流不仅赢得客户的信任，还为未来的合作奠定了坚实的基础。

倾听是建立信任和良好关系的基础，如果销售人员一味地谈论自己的产品和服务，而忽视了客户的需求，那么很可能会导致客户的流失。通过倾听，销售人员可以更好地了解客户的需求，从而为其提供更加贴心的解决方案。

销售人员在了解客户基本需求的基础上，要有针对性地提问，以进一步了解客户的深层次需求。提问不仅可以帮助销售人员确认客户的需求，还可以引导客户思考问题，从而找到更好的解决方案。比如，当客户提到他们面临的问题时，销售人员可以进一步询问：“您是如何解决这个问题的呢？”这样的提问有助于了解客户目前的解决方案，进而为其提供更符合他们需求的产品或服务。

此外，多听、多问有助于销售人员把握客户的心理。在沟通过程中，销售人员要密切关注客户的反应，以便及时调整自己的沟通策略。比如，当客户对某款产品表现出浓厚兴趣时，销售人员可以趁机加强产品优势的介绍，以激发客户的购买欲望。

在听和问时，销售人员要注意以下四个关键点。

1. 开放性问题

开放性提问是一种非常有效的沟通技巧，能够给予客户更多的表达空间，帮助销售人员更好地了解客户的需求和想法。相比之下，封闭式提问往往只能得到客户简短的回答，难以展开深入的交流。

具体来说，开放性问题通常无法在答案中找到明确的“是”或“否”，而是鼓励对方分享更多的想法、感受和经历。比如，“您对这个问题有什么看法？”或“您在考虑解决这个问题时，最关心哪些方面？”相比之下，封闭式问题往往可以简单地用“是”或“否”来回答。比如，“您需要我为您解决这个问题吗？”或“您了解我们的产品和服务吗？”这些问题虽然可以获取客户的初步反馈，但难以深挖更多的信息。

那么，如何在实际沟通中运用开放性提问呢？

一是避免主观判断。在提问的过程中，销售人员要尽量避免对客户的问题和需求进行主观判断。这样可以让客户感受到被尊重和理解，更愿意分享自己的想法。

二是使用探索性词汇。在提问时，销售人员可以使用一些探索性的词汇，如“您能否告诉我”“您是否想过”等，以引导客户深入表达。

三是适时追问。在客户回答问题时，销售人员可通过适时追问以确保获取更多信息。比如，“了解了您对这个问题的看法，那您觉得解决这个问题有哪些可能的方案？”

四是保持耐心。沟通需要时间，销售人员要耐心地倾听客户的回答，不要急于打断客户或提出新的问题。

2. 要会听

听跟说是相辅相成的，会听，销售人员在表达自己想法的时候才能有的放矢，才能更有针对性；会说，从客户那里听来的信息才能发挥最大价值。当然，和表达一样，听也是需要技巧和注意事项的。以下是销售人员倾听客户表达需求的六点技巧。

一是保持专注。在与客户交流时，销售人员要全神贯注地倾听客户的需求，避免分心。眼神交流和肢体语言也是表现出专注的重要方式。

二是耐心倾听。给予客户足够的时间和空间来表达他们的需求，不要打断他们。即使客户的语言表达不清晰或逻辑不严密，销售人员也要保持耐心，尽量理解客户的真正意图。

三是积极回应。在倾听过程中，销售人员通过点头、微笑或重复客户的关键信息来表示自己在认真聆听。这会让客户感受到被重视和被尊重。

四是倾听非语言信号。在面对客户直接销售时，销售人员注意客户的肢体语言、面部表情和语气等非语言信号，以便更好地了解客户的需求和情绪。

五是倾听多渠道信息。销售人员了解客户的需求不仅限于与客户直接交流，还可以关注客户的社交媒体动态、产品评价和行业资讯等，多渠道收集信息，全面了解客户需求。

六是总结与反馈。在交流结束后，销售人员对客户的需求进行总结和反馈，以确保自己对客户需求的准确理解，为下一次沟通奠定基础。

通过以上六点技巧，销售人员可以更好地倾听客户表达的需求，从而提高客户满意度和销售业绩。同时，不断总结和反思自己的倾听技巧，以实现持续的改进和成长。

3. 深度挖掘问题

在了解客户需求的过程中，销售人员需要遵循一个原则：不要只停留在表面信息，而要深入挖掘问题的本质。这是因为，表面信息往往不能完整地反映客户的真实需求，所以销售人员需要通过深入了解客户需求背后的原因，才能更好地为客户提供解决方案。

客户的需求并非一成不变的，而是会随着业务的发展和市场的变化而变化。因此，销售人员需要不断地深入了解客户的需求，以便及时调整沟通的方法策略。这就要求销售人员在与客户沟通时，要有敏锐的洞察力，能够从客户的表面需求中发现背后的深层需求。

深入了解客户需求有助于销售人员更好地为客户提供有针对性的解决方案。比如，当客户提到一个具体问题时，销售人员不仅要满足于解决某个问题，还要更进一步地思考：这个问题对客户的业务有什么具体的影响？这个问题在客户的企业内部是如何产生的？通过深入挖掘这些问题，销售人员可以更好地了解客户的业务状况，从而为客户提供更加合适的解决方案。

4. 复述重要信息

在谈话的过程中，销售人员要学会及时地总结客户提到的重要信息，并通过复述的方式向客户确认自己的理解是否正确。这样既能让客户感受到销售人员的诚意，又能确保销售人员对客户需求的准确理解。

换位思考，预知客户的下一步棋

换位思考，是一种站在他人角度，设身处地为其着想的思考方式，同时也是一种非常重要的能力。尤其是在跟单工作中，销售人员运用换位思考，能帮助自己更好地理解客户的需求和期望，提升销售业绩。

就拿购物为例，当你作为一名销售人员，在向客户推荐产品时，你是否能站在消费者的角度思考问题呢？比如，这款产品的性价比是否高，这个价格是否合理，这些都是消费者常常关注的问题。当你带着这些问题与客户交流时，就能更有针对性，更容易获得客户的信任和认可。

此外，换位思考有助于提升销售人员与客户之间的沟通效果。当你能站在客户的角度考虑问题时，就能更好地理解他们的需求，从而为其提供更符合他们期望的产品或服务。这样，不仅能够增加成交的机会，还能建立起长期稳定的客户关系。

王明有一位客户李先生，他是一家中小型制造企业的负责人，正在寻找适合的原材料供应商。在跟单的过程中，王明时刻谨记换位思考的理念，并对他跟单产生了非常积极的影响。

在两人首次会面时，王明并没有一上来就急于推销产品，而是通过一系列开放性问题，了解李先生企业的运作模式、业务目标以及面临的挑战。王明在谈话中展现了对制造业的深刻理解，并通过分享一些行业趋势和市场动态，表明自己对所处行业的关注。

在谈话中，王明发现李先生对原材料的质量和稳定供应非常关注。于是，王明主动提出建立长期战略合作关系，确保产品质量，并承诺及时供货。同时，他还分享了一些类似的企业成功合作的案例，以证明公司具备满足客户需求的能力。

在后续的跟进中，王明不仅关心李先生的业务进展，还在合适的时机为对方送上一些行业报告和市场分析，以帮助李先生更好地了解市场趋势。

这样的沟通策略使李先生感受到了王明的真诚和专业，因为王明一直通过换位思考，站在客户的角度思考问题，了解客户的需求和担忧。最终，出于信任和认可，李先生选择与王明所在的公司建立合作关系，实现了双方共赢。

在跟单的过程中，信任是建立合作关系的基础。换位思考可使销售人员更加精准地抓住客户的需求和关切，在实际行动中，便是更加积极主动地为客户解决问题，为他们提供周到的服务。这种做法有助于赢得客户的信任，进而促使他们更愿意合作。

销售人员要想做到换位思考，可以尝试以下四点。

1. 深入了解客户业务

在日常的生活和工作当中，很多人都有这样的感慨：“这个世界上没有真正的感同身受。”这句话从一定程度上揭示了人性的复杂性和人与人之间的差异。的确，每个人的生活经历和成长环境都是独一无二的，这就导致了没有哪两个人的经历是完全一样的，自然也就不会对同一件事产生一模一样的感受。

然而，在销售和跟单领域，销售人员需要明白一个道理：虽然销售人员无法做到“真正的感同身受”，但可以通过努力，让客户感受到销售人员是真正站在对方的立场考虑问题的。要想做到这一点，就要深入了解客户的需求、业务模式、目标和面临的挑战等。只有掌握了这些信息，销售人员才能更好地为客户提供有针对性的解决方案，帮助他们解决实际问题。

除此之外，销售人员还应该关注客户公司的历史、产品、竞争对手等信息。这样，销售人员在与客户沟通时，才能展现出对客户公司的业务有深入的了解，从而赢得客户的信任。销售人员对客户了解得越多，客户就越会感受到更多的关心和尊重，这就达到了换位思考的效果。

2. 模拟客户体验

为了更好地做到换位思考，销售人员可以尝试模拟客户的体验，将自己置于客户的角度，深入思考客户可能面临的问题和感受。这样能让销售人员更加敏锐地捕捉到客户的需求和期望，从而为客户提供更加贴心的服务。

首先，销售人员应该了解，每位客户都是独一无二的。他们的需求、喜好和痛点等各有不同。因此，在与客户沟通时，销售人员要充分考虑到这些因素。通过换位思考，销售人员可以更好地理解客户的世界，从而有针对性地解决客户的问题。

其次，销售人员掌握一定的心理学知识，以便更好地理解客户的购买动机。客户在购物过程中，往往会受到情感、认知和环境等多种因素的影响。销售人员可以通过换位思考，洞察客户的心理变化，从而在关键时刻推动交易的完成。

最后，注重与客户的互动。在沟通过程中，销售人员不仅要关注自己的表达，还要关注客户的反馈。通过观察客户的表情、语言和行为，销售人员可以判断出客户对产品或服务的态度，进而调整自己的销售策略。

3. 客户案例分析

所谓换位思考，就是让销售人员学会理解不同类型的客户。因此，销售人员要学会去分析以前接待过的各种案例，包括成功的案例，也包括失败的案例，分析客户在不同情境下的反应。比如，在成功案例中，销售人员可以回顾客户的需求、关键痛点以及采用的解决方案，从中找到共同点和成功的模式，有助于建立对客户期望的深刻理解。

在失败的案例中，销售人员要学着了解客户的反应、不满和问题，有助于发现潜在的改进点和避免类似问题的方法。通过对成功和失败案例的反思，销售人员可以更全面地理解客户的心理和情感状态，从而形成更为敏锐的洞察力。

4. 培养同理心

同理心是指设身处地地去理解他人的感受和需求。销售人员要有意识地培养同理心，关注客户的感受，将心比心，为客户提供更加贴心的服务。当客户感受到销售人员的关心和理解时，自然会提高成交率。

总之，培养换位思考的能力并非一朝一夕之事，需要销售人员在学习、工作和生活中不断努力。销售人员只有站在他人的角度，真正理解他人的需求，才能为客户提供更加优质的服务，从而实现自身的价值。

爱货比三家？这样的客户很好跟

“货比三家”这句话深入人心。人们在购物、选择服务或者处理其他事务时，都会不自觉地运用这个策略。相信大部分销售人员都遇见过这样的客户。为什么说这样的客户很好跟呢？要想解答这个问题，销售人员就要先弄明白，客户喜欢货比三家，他们到底在比什么。总的来说，不外乎质量、价格和服务。

第一是质量。在购物过程中，消费者往往会挑选同类产品中质量最好的那一款。通过对比不同品牌、不同商家的同类产品，他们可以更好地了解市场上各种产品的性能、材质、工艺等方面的差异，从而为自己选购到性价比最高的产品。

第二是价格。价格是消费者在购物时重点考虑的因素之一。对比不同商家的报价，可以帮助客户发现价格优势，节省开支。在质量相当的情况下，选择价格更优惠的产品，无疑是明智之举。

第三是服务。在选购商品或处理事务时，商家的服务质量也是至关重要的。消费者可以通过对比不同商家的服务态度、售后保障等方面的表现，选择服务更好的商家。良好的服务可以为消费者带来更加愉快的购物体验，降低购物风险。

从消费者的角度来说，货比三家是一种明智的消费策略，它可以在购物和其他事务中做出更好的决策。通过比较产品质量、价格和服务，消费者可以选购到性价比更高、更适合自己的产品或服务。

销售人员弄清楚了客户到底在比什么，其实就可以有的放矢，做出有针对性的跟单。

徐莉是一名销售人员，在一家专注于提供高品质办公设备的公司工作。她的客户是一家中型企业，正计划更新他们的办公设施。这个客户有一个特点，就是喜欢对比不同的供应商，期望从中找出最适合自己的供应商。

徐莉了解到，客户追求多方案比较的主要原因，是为了确保他们选择的方案最为经济、实惠且符合实际需求。因此，她决定采取积极的策略来满足客户的比较心理。

首先，徐莉主动挖掘客户的具体需求，并详细了解他们对办公设备的期望和要求。其次，她精心为客户提供了详细的产品信息，包括技术参数、质量认证和售后服务。在沟通过程中，她还强调公司的专业团队和长期以来积累的成功案例。

最后，徐莉也关注了竞争对手的产品和服务，主动了解客户在比较中关注的方面。她在沟通中透露了公司相较于竞争对手的独特优势，如更有竞争力的价格、更快速的交付周期以及更全面的售后服务。

通过深入地了解客户比较的原因，并有针对性地展示公司的优势，徐莉成功地获得了客户的认可。最终，客户选择了徐莉推荐的方案，与她的公司建立了长期的合作关系。

首先，我们要明白，爱货比三家的客户为什么好跟，是因为这类客户具有较强的购买欲望。他们在购物时，对比多家商家，说明他们对产品有需求，只是在寻找性价比最高的产品。一旦谁家能够提供符合他们期望的产品，他们就可能会下单购买。因此，销售人员只需针对这类客户的需求，为其提供优质的产品或服务，就能提高销售成功率。

其次，这类客户对市场行情有一定的了解。他们货比三家，意味着他们对市场上同类产品的价格、质量和服务有一定的了解。在这种情况下，销售人员只需展示自家产品的优势，让他们明白选择你的产品是一个明智的决定。为了进一步推动客户成交，销售人员可以在有条件的情况下，给出一些优惠政策，如优惠券、折扣等，来吸引这类客户。

最后，他们更注重长期价值。客户货比三家，不仅仅是为了眼前的实惠，更是为了寻找能够长期信赖的商家。因此，销售人员需要关注产品的品质和售后服务，让客户感受到销售人员真诚的关怀。这样一来，销售人员不仅能赢得客户的信任，还能带来口碑传播，吸引更多潜在的客户。

当然，销售人员在跟这类客户的时候，也需要有一些小技巧。

1. 弄清楚客户在比什么

在与习惯货比三家的客户打交道时，了解客户在比较什么方面是至关重要的，是更注重价格，还是更关注质量和服务。

如果销售人员在前期获得的信息相对有限，难以判断客户在意的具体方面，那么销售人员可以采用直接提问的方式。比如，销售人员可以问："在使用我们的产品或服务时，您是否发现有什么让您不满意的地方呢？"或者"对于价格这个方面，您有什么特别关注的地方吗？"

通过直截了当地询问客户的看法，销售人员可以更准确地了解客户的需求和优先关注的点。这不仅有助于销售人员确定客户关注的焦点，还能够建立起更加亲近和坦诚的沟通氛围。有了这些信息，销售人员可以有针对性地为客户提供更详细、更有吸引力的信息，从而更好地满足客户的比较需求。

2. 帮助客户做比较

在商业世界中，销售竞争如同一场没有硝烟的战争，销售人员要想在这场战争中笑到最后，赢得客户的青睐，就需要深入了解客户的需求，以及竞争对手的优势和劣势。许多销售人员认为，只要产品好，客户自然会青睐于你。事实上，销售过程中的人为因素同样重要，甚至可以说，销售人员的主动性和策略性，在一定程度上决定了销售的成败。

销售人员要明白，客户货比三家其实就是比较你和你的公司与其他销售和他们公司之间的差距。这个差距不仅体现在产品本身，还包括销售人员的服务态度、专业素养，以及对竞争对手的了解程度。如果销售人员不主动，而是等着客户自己做决定，那么结果就会变得难以掌控。因此，销售人员要主动出击，在尽可能详尽地了解竞争对手的前提下，帮助客户做比较。

在这个过程中，销售人员可以通过提供详尽的信息、解答客户可能的疑虑，帮助客户更全面地理解产品或服务的优势。通过主动参与比较，销售人员可以掌握比较的节奏，主动引导客户关注的关键点，从而更好地控制整个跟单和谈判的进程。

比如，销售人员可以针对竞争对手的弱点，突出自己的产品或服务优势，让客户更加清晰地看到选择自己的理由。通过巧妙比较，销售人员能够为客户提供更有说服力的信息，增强客户对自己产品或服务的信心。这种积极主动的态度不仅能够在竞争中脱颖而出，还能够更好地服务客户，满足他们的需求。

3. 比较要有的放矢

销售人员主动帮助客户做比较，可以有效地影响他们对你的印象，引导整个沟通的进程和走向。需要强调的是，销售人员在做比较的时候可以使用一些小技巧，但绝对不要滥用比较，过分夸大产品的优势，甚至采取弄虚作假的方式。这种做法虽然在短期内或许能取得一定的业绩，但长远来看，只会损害品牌的形象和信誉，从而得不偿失。

总之，爱货比三家的客户并非难缠，反而是销售人员应该抓住的好机会。销售人员只要关注他们的需求，为客户提供优质的产品和服务，满足他们追求性价比的心理，就能顺利地将产品或服务推销出去。

能坚持跟单，也要会放弃

在跟单的过程中，坚持是一项非常重要的品质，但这种坚持要有目的、有意义。并不是所有的情况下都需要销售人员执着坚持，有时候适时地放手同样是明智之举。举例来说，当一个客户明确告知销售人员已在其他公司购买了产品，或者以非常明确的方式拒绝了合作时，这时候销售人员盲目地继续坚持可能会显得没有任何价值。

在面对这种情况时，作为跟单的销售人员，你需要分辨何时该继续坚持，何时要选择放弃。销售人员坚持的一大前提是，客户对公司的产品或者服务仍然有需求，双方仍然有合作的可能。如果客户的需求已经得到满足，或者明确表示不感兴趣，那么销售人员强行坚持可能会适得其反。

当然，销售人员有目的、有价值的坚持是指在了解客户真实需求的基础上，通过巧妙的沟通和个性化的服务，尝试提供更合适的解决方案。坚持不应成为对客户意愿的无视，而应当在关注客户反馈的同时，灵活地调整策略，以更好地满足客户的期望。

小许花了很多时间跟进一个重要客户，这个客户对其公司的业务前景有着巨大的影响。然而，经过数轮紧张的谈判和交流后，客户最终选择了另一家竞争对手公司。

尽管这对小许来说是一个打击，但他没有沮丧，反而迅速调整了自己的状态。他决定从这次经历中学习更多经验，从失败中找到更多的机会。

首先，小许积极与客户沟通，了解他们选择竞争对手的原因。通过深入了解，小许更清晰地认识到客户真正关注的是什么。他把这个教训转化为改进的机会，为未来的销售提供了更精准的方向。

小许还审视了自己的跟单策略，寻找其中的不足之处。他找到了一些可以改进的地方，包括更加个性化的服务、更强调产品特色等。他对这些问题进行了调整，为下一次的跟单做好了准备。

而且，小许没有浪费时间，迅速转向了其他潜在客户。通过将之前的经验融入新的跟单过程中，他很快就成交了一个大单。这次的交易不仅填补了小许之前的失落，还为他赢得了更多的信任和肯定。

对于销售人员来说，在合适的时候选择放弃当前的客户，去跟进下一单，其实是一项非常重要的决策。它不仅能让销售人员有限的时间和精力得到最大化的发挥，还能提高成单的效率和概率。当然，这并不是说销售人员应该轻易放弃，而是在综合考虑各种因素后，做出明智的决策。

如果在跟单的过程中，销售人员遇到以下三种情况，那就要酌情考虑是否选择放弃。

首先，明确表示不合作的客户。比如前面讲到的，已经选择了其他公司产品的客户。这个时候，如果销售人员选择强行推销，就很可能产生反效果，使客户产生反感，降低与客户的关系。适时选择放弃，不仅有助于维护与客户的良好关系，还可以为未来与客户建立潜在的合作机会留下余地。

其次，销售人员在跟单过程中要学会评估每个订单的潜在价值和成功概率。有时候，尽管已经付出了很多努力，但某些订单的成功率可能并不高。在这种情况下，销售人员应该意识到，继续坚持可能不是最好的选择。在资源有限的情况下，销售人员将集中精力在更有希望的机会上，不仅能够提高成功率，还有利于销售人员完成销售目标。

最后，市场变化迅速，竞争激烈，有时候某个客户并非最佳选择。此时，销售人员也要做出理性判断，该放弃时就要果断放弃。

当然，需要特别强调的是，坚持和放弃都应该是销售人员深思熟虑之后做出的决定，而不是任性而为。现在分享六个关键点，帮助销售人员做出更合理的决定。

1. 客户明确表示不感兴趣

如果客户在多次沟通后明确表示对产品或服务不感兴趣，或者表达了强烈的拒绝态度，就意味着销售人员是时候考虑放弃了。尊重客户的决定，不强求对方。

2. 长时间没有进展

如果销售人员与客户的沟通已经进行了很长时间，但仍然没有实质性的进展，这可能是一个信号，表明客户可能不是最理想的合作伙伴。以下是一些可能的原因汇总。

一是需求不明确。有些客户可能对自己的需求缺乏清晰的认识，导致谈判陷入僵局。在这种情况下，销售人员应该主动与客户沟通，帮助客户理清真实需求，使他们明确目标。通过深入的探讨和专业的建议，销售人员为客户提供更具针对性的解决方案，从而推动谈判的进展。

二是双方意见分歧较大。在跟单的过程中，销售人员与客户双方在某些问题上存在较大的意见分歧，导致谈判无法达成一致。面对这种情况，销售人员应该采取更为灵活和务实的态度，寻求双方的共识。通过妥协或调整方案，尽量缩小分歧，促使合作顺利进行。

三是客户对合作缺乏诚意。在某些情况下，客户可能并不关心与合作有关的实质性进展，而是采取拖延战术。这可能是他们在考察合作伙伴的资质和实力，或者是在与其他供应商进行对比。此时，销售人员需要展示出自己的优势和独特价值，让客户相信你是他们最佳的合作伙伴。

四是客户可能并不适合合作。在跟单过程中，销售人员可能会遇到一些客户，尽管自己已经付出了很多努力，但双方仍然无法达成共识。这可能是因为客户的业务模式、发展战略或企业文化与销售人员所在企业有较大的差异，导致合作困难。在这种情况下，销售人员应该认识到，有时候放弃一个潜在客户并不是一件坏事。毕竟，寻找一个新的合作，比勉强达成一项不利于双方的合作更为重要。

3. 不符合目标客户群体

如果客户的需求和背景与销售人员的产品或服务的目标客户群体不符，可能会导致合作不顺利。就比如说，你是一家母婴用品的销售，那么你的跟单对象应该是妈妈群体，或者是准妈妈群体，而不是还没有结婚的人。在这种情况下，你就要考虑是否继续投入时间和资源。

4. 客户无购买能力

有些客户可能对产品或服务感兴趣，但没有购买能力。在这种情况下，与其浪费时间在无法成交的潜在客户身上，不如寻找更有购买能力的客户。

另一种可能的情况是，客户的预算与你的产品或服务无法匹配，且无法达成妥协，这也需要销售人员考虑是否值得继续推进交易。

5. 客户频繁变化需求

在商业世界中，客户需求的变化是一种常态。然而，如果这种变化过于频繁，并且无法形成稳定的合作基础，那么销售人员就需要对是否继续跟进这个客户进行重新评估。这并不是要销售人员马上就放弃他，而是要审慎地分析客户频繁变化背后的原因，以便找到解决方案，确保业务的稳定性和持续性。

比如，这种变化可能是由客户自身业务发展的调整，也可能是市场环境的变化所导致的。无论是哪种原因，销售人员都需要以开放的心态去面对，并迅速地调整跟单策略和服务以适应这些变化。

如果销售人员在尽了最大努力后，双方仍然无法达成合作，那么你就需要权衡继续跟进的成本和收益，以决定是否继续投入资源。如果销售人员继续跟进的成本大于收益，那么就需要考虑放弃这个客户，将有限的资源投入到更有潜力的客户身上。

6. 竞争对手更有优势

这也是一种较为常见的现象。如果销售人员发现竞争对手提供的方案更为优秀，而且以你当下的状况来说，无法拿出更好的解决办法，或者客户更倾向于选择竞争对手的公司，那么你可能需要考虑调整策略或放弃。

第四章

这样沟通，才是有效跟单

设置悬念，引起客户的好奇心

语言在销售过程中起着至关重要的作用，它不仅是信息的传递工具，更是与客户之间建立信任和理解的桥梁。销售人员不仅要运用语言精准地传递关键信息和观点，还要运用沟通技巧使对方愿意倾听、接受所传递的内容。在与客户日常交谈中，如果你的观点乏善可陈，语言表达平淡无奇，那么客户很难对你产生兴趣。因此，销售人员需要掌握一定的沟通技巧，使自己在介绍产品或服务时能够吸引客户的注意力。

其中，设置悬念就是一种非常有效的沟通技巧。通过在介绍产品或服务时制造悬念，可以激发客户的好奇心，让他们渴望了解更多。比如，销售人员可以在介绍产品功能时，先透露一部分信息，然后说："我们的产品跟其他公司的产品相比，有一个非常不一样的优势。"这样，客户就会产生好奇心，想知道接下来的内容。

设置悬念的好处不仅能吸引客户的注意力，还可以在销售过程中起到一定的引导作用。当客户对某个产品产生好奇心时，他们更容易接受销售人员的引导，进而了解产品的更多信息。此外，设置悬念还可以缓解客户对购买决策的犹豫不决，因为他们在了解完整信息之前，已经对产品产生了一定程度的兴趣。

一天下午，销售经理李琴来到一家潜在客户的办公室，准备向他们推荐公司最新研发的创新产品。这家公司一直在寻找提高生产效率的解决方案，而李琴的产品似乎是一个很好的选择。

李琴进入该公司的会议室，和客户进行了简单的寒暄后，她巧妙地引入了产品的介绍。在谈到产品的核心优势时，她停顿了一下，微笑着对客户说："您知道，这个产品不仅能够提高您的生产效率，还有一个特殊的设计，能够在保证高效的同时，降低您的运营成本。"

这时，李琴故意停顿了一下，制造了一点悬念。客户不禁对这个特殊设计产生了浓厚的兴趣，询问："这个特殊设计是什么呢？"

李琴微笑着解释说："这就是我们的独家技术——智能能耗监测系统。通过实时监测和优化设备的能源消耗，我们可以确保在提高生产效率的同时，为您节省大量的能源成本。这对于您的公司来说，它不仅是提高竞争力的一种方式，还可以为可持续经营提供助力。"

客户听后眼前一亮，发现了该产品的独特之处。由于李琴在介绍产品时设置了悬念，引起了客户的好奇心，最终促使了他们对产品的深入了解和信任。在后续的谈判中，李琴成功地达成了这笔重要的交易，同时也为客户带来了更多的实际价值。

而要想埋下的“包袱”有效果，销售人员在设置悬念的时候，就要注意以下五点。

1. 悬念要击中客户的痛点

销售人员在跟单过程中，也要根据不同的客户，设置不同的悬念。

举例而言，假设你是某家专营运动护具公司的销售人员。对于不同的客户，你可能会采用不同的悬念策略。如果你正在与一位重视健康和安全的长跑爱好者交流，你的悬念重点可能是产品的卓越质量，以此来强调它能够为对方提供出色的保护性能，确保运动过程中身体的健康和安全。

然而，如果你遇到的是一位追求时尚和个性化的潮流运动爱好者，你的悬念策略可能就要聚焦于产品设计的独特性和时尚感上，以及如何使其在运动时既能够兼顾时尚潮流，又不失它的功能性。

这种个性化的悬念设置能够更好地击中客户的痛点，引起他们的共鸣。通过在跟单过程中准确地捕捉客户的兴趣点，销售人员能够创造更有针对性的沟通体验，使客户更容易理解产品或服务的价值，更愿意合作。因此，销售人员要像艺术家一样，根据客户的个性和需求，巧妙地设置悬念，从而达到引发客户兴趣、与客户建立信任关系的目的。

总的来说，销售人员在设置悬念的时候，一定要击中客户的痛点。只有这样，接下来的沟通才能有效进行，客户的思绪才能跟着你的节奏走。

2. 合理设置悬念

销售人员在设置悬念时，一定要注意悬念的尺度，应当合理且实际，避免过于夸张或不切实际的内容。如果悬念与现实情况相去甚远，可能会导致客户产生误解或失望，从而对企业形象和产品信誉造成负面影响。

关于设置悬念，有两个关键点需要注意。第一，悬念应当与产品或服务的实际优势相关。也就是说，悬念的设定应当基于产品或服务的核心竞争力，让潜在客户在解开悬念的过程中，能够逐步了解到这些优势。这样，既可以激发客户的好奇心，促使他们进一步了解产品或服务，又有助于树立企业形象，提高品牌知名度。

第二，悬念的设置要有层次感，逐步揭示产品或服务的亮点。这种方式可以使客户在解密过程中产生一种逐步揭示真相的快感，从而增强他们对产品或服务的兴趣。同时，有层次的悬念设置还能够提高营销活动的吸引力，使更多人能够参与到解密过程中来。

3. 不要过度使用

无论是什么方法、技巧，都必须适度使用，设置悬念也是如此。销售人员过度地使用悬念可能导致客户疲劳，降低其对销售信息的关注度。因此，销售人员在运用悬念时，应当注意平衡，避免过度使用。

比如，如果销售人员每次与客户交流都采用相同的悬念手法，客户可能会感到预测性太强，失去了新奇感，从而导致疲劳。如果销售人员可以在关键时刻运用悬念，如在介绍产品的核心优势、特别的促销活动或即将发布的重大更新时，就能够保持悬念的新鲜感，还能够更好地引起客户的兴趣和关注。

4. 及时解开悬念

悬念的设置是为了引起客户的兴趣，而不是一直“吊着”客户。如果销售人员让客户等待时间过长，可能会导致其失去耐心，降低对销售信息的关注度。

及时解开悬念的好处在于满足客户的好奇心，使其更积极地参与对话。比如，销售人员向客户介绍一款产品，精心设置了一个悬念，以引起客户的兴趣。那么在适当的时机，销售人员就应当迅速地揭晓悬念，向客户展示产品的独特之处或解决方案的优势。这种及时的揭晓不仅能够满足客户的期待，还可以避免客户对悬念的失望感。

此外，及时解开悬念也有助于保持对话的流畅性和积极性。客户在得知关键信息后，就能更加深入地参与讨论，提出问题，甚至表达更强烈的兴趣。销售人员应当把握好时机，确保在引起客户好奇心的同时，不至于拖延过久，以免影响对话的效果。

5. 关注客户的反馈

一个悬念是否起作用、效果如何，都能真实体现在客户的反馈上。当销售人员抛出一个悬念时，如果客户并未积极响应，销售人员就需要及时调整接下来的沟通策略，以确保在跟单过程中达到更好的效果。

销售人员可以通过观察客户的表情、姿态以及口头回应等方式获取信息。如果客户表现得漠不关心或没有表现出期待的迹象，那么销售人员可能需要主动引导对话，询问客户是否对相关信息感兴趣，以更好地满足其需求。

在得知客户的反馈后，销售人员应该灵活地调整销售策略。究其原因，有可能是悬念设计得不够吸引人，或者客户对其他方面更感兴趣。销售人员可以迅速地切换话题，根据客户的回应调整沟通的重点，以更精准地满足客户的期待。

客户的痛点，就是你的靶子

痛点是指客户在生活或工作中遇到的问题、挑战、困扰或需求，它们可能是源于产品、服务、流程或其他方面的不足，使客户在体验过程中产生不适或不满，严重一点的，可能影响客户的生产效率、满意度、成本，或者阻碍他们实现目标。痛点通常是客户迫切需要解决的、引起不便或不满的事情。

一般来说，客户的痛点可以分为以下四类。

一是产品痛点。客户在使用产品过程中，可能因为功能不完善、性能不佳、设计不合理等因素遇到困扰。比如，手机电池续航能力不足、软件卡顿等问题。

二是服务痛点。客户在享受服务的过程中，可能因为服务质量、态度、响应速度等方面不满意。比如，客服人员无法解答客户的问题、售后服务不到位等。

三是流程痛点。客户在完成某项任务时，可能因为流程烦琐、耗时较长、信息不透明等因素感到不便。比如，办理业务时需要提供过多重复的资料、等待时间过长等。

四是体验痛点。客户在使用产品或服务过程中，可能因为界面设计、操作复杂度、用户体验等方面遇到困扰。比如，网站导航不清晰、APP界面繁杂等。

在跟单的过程中，销售人员如果能精准地抓住客户的痛点，便可以有针对性地为客户提供解决方案。这个时候，客户就会容易接受。

王娜在一家公司任销售经理，她最近接触了一家制造企业的采购经理李响。李响一直在寻找一种能够提高生产效率的解决方案，他们公司的生产线经常因设备故障而停工，导致生产计划经常延误且成本增加。

王娜在了解李响的需求后，意识到客户的痛点主要集中在设备维护上。李响需要一种可靠且高效的设备监测系统，以及及时的故障预警系统，以便在问题发生前采取措施，减少生产中断。

在与李响公司的技术团队紧密合作后，王娜向李响提出了一套先进的设备监测与预测维护解决方案。该解决方案包括实时监控设备状态、使用人工智能进行故障预测、定期维护提醒等功能。这不仅可以帮助李响的公司及时解决设备问题，还能有效地降低维护成本，提高生产线的可靠性。

通过精准地抓住客户的痛点，王娜成功地向李响展示了解决问题的具体方案，并强调了这一解决方案对于李响公司业务的重要性。李响被王娜这一创新性的解决方案深深吸引，最终决定与王娜所在的公司合作。

其实在日常的工作环境中，很多销售人员虽然都明白客户的痛点对跟单、成单的重大影响和作用，但苦于不知道如何抓住客户的痛点，以及如何以痛点为中心展开跟单。接下来，就向销售人员分享一些经验和小技巧。

1. 深入了解客户是前提

在展开跟单，与客户深度接触之前，销售人员一定要先对客户形成一个基本的认识，比如，客户的基本诉求，包括理想价位、产品款式等，再如，客户所处行业、业务模式以及可能面临的问题等。根据这些信息，销售人员可以先描绘一个大概的用户画像，并可以为后续的深入跟单做一个铺垫。

2. 多让客户表达

截至这一步，销售人员能掌握的信息还非常有限，很难一上来就拿出完全符合客户需求的解决方案。这就要求销售人员在接下来的沟通中，采取一定的策略和方法，以便更好地了解客户的需求，从而为其提供更加贴合他们需求的解决方案。

首先，销售人员需要创造机会，让客户多发表看法，透露自己的痛点和需求。比如，可以通过前文中讲到的，提开放性问题的方式来实现。开放性问题能够引导客户自由表达，更容易获取到有价值的信息。

比如，销售人员可以询问客户对产品的期望、使用场景、关心的问题等方面，从而了解客户的真实需求。

其次，在聆听客户回答问题的过程中，销售人员需要密切关注客户的表情和语气，挖掘出潜在的需求和问题。有时候，客户可能不会直接表达自己的需求，而是通过一些暗示或者间接的方式传达出来。这就需要销售人员具备敏锐的观察力和洞察力，捕捉到这些细微的信息，进一步深入了解客户的需求。

最后，对于客户提出的需求和问题，销售人员要及时做好记录，以便在后续的沟通和解决方案的制订过程中进行参考。

3. 直接询问

在日常的工作中，销售人员经常会遇到这样一类客户，他们不愿意轻易暴露自己的“底牌”，无论销售人员如何巧妙地旁敲侧击，他们都不会主动透露自己的问题和痛点所在。面对这样的客户，大家可以采取直接询问的方式，逼迫他们直面痛点问题，从而更好地了解他们的需求。

首先，销售人员要明确一点，这种策略并不是让客户感到不舒服或者被迫回答问题，而是通过直接提问，让他们自己意识到问题的严重性和解决的重要性。因此，在提问时，销售人员要注意语气和态度，尽量让客户感受到你的真诚关心和专业素养。

其次，销售人员可以尝试提出一些有针对性的问题，比如，“您在选择我们的产品或服务时，最关心哪些方面？”或者“您认为目前市场上类似产品中，有哪些方面是您觉得需要改进的？”这样既可以了解客户的真实需求，又可以让他们在思考问题时，更容易暴露自己的痛点。

最后，销售人员还可以通过提问的方式，引导客户主动谈论他们的困境。比如，“如果您在使用我们的产品过程中遇到问题，您会选择如何解决？”或者“在您所在的行业中，有哪些问题是您希望得到解决的？”这样提问既可以了解客户对产品的期望，还可以进一步了解他们所面临的挑战。

当客户谈论自己的问题时，销售人员要认真倾听，并及时记录关键信息。这样既可以体现对客户的尊重，也可以帮助销售人员更好地理解客户的需求，为后续的解决方案提供依据。

4. 定制解决方案

销售人员掌握了客户痛点和面临的问题等信息后，接下来便是以此为依据，为客户定制个性化的解决方案。需要强调的一点是，在呈现解决方案时，销售人员不仅要简单明了地说明如何解决客户的具体问题，还要详细地解释解决方案的各个组成部分，以确保客户对整个方案有全面的了解。

此外，针对客户的痛点，销售人员应该强调解决方案中的特定优势，说明为什么某个解决方案是最适合客户的，有助于客户对解决方案的价值产生更深层次的认知。

把产品说透，成交其实很简单

产品，或者说服务，是客户与销售人员建立联系的第一要素，其重要性不言而喻。在跟单的过程中，即使销售人员的沟通技巧炉火纯青，擅长洞察客户心理，但如果无法清晰地向客户阐述产品或服务的价值，那么这些技巧也难以发挥其应有的作用。反之，即使销售人员的沟通技巧并不出色，对客户心理的了解也比较肤浅，但只要销售人员能够深入浅出地讲透产品的基础属性及其对客户的巨大作用，那么成交的概率也会大幅提高。

黄强经营着一家主营电子产品的商店，从智能手机、平板电脑到智能家居设备，应有尽有。

有一天，一位穿着休闲装的青年走进了商店，他看着品类繁多的电子产品，脸上流露出迷茫的神情。黄强见状，立刻热情地迎了上去，微笑着问道："先生，请问您需要购买什么类型的产品呢？我可以为您推荐。"

青年犹豫了一下，说："我想买一款智能手机，但我对这些产品都不是很了解，你能帮我挑选一款适合我的吗？"

黄强了解对方的需求后，开始详细询问这位客户的使用习惯和痛点。经过一番交流，黄强了解了他的需求：需要一款性能强大、续航能力强、拍照效果好的手机。

于是，黄强为这位客户推荐了一款最新上市的智能手机。他耐心地向对方介绍了这款手机的各项优点：强大的处理器可以让这位青年在运行大型游戏和应用时毫无压力；高容量电池保证了长时间的使用续航；此外，手机还具有高清摄像头，可以满足对方各种拍照的需求。

在黄强的讲解下，这位客户对这款手机越来越感兴趣。但他仍然有些担忧："这款手机这么贵，真的值得购买吗？"

黄强得知了对方的顾虑，于是讲述了这款手机的巨大价值。他对客户说："这款手机不仅性能卓越，而且在未来几年内都不会过时。它的价值在于可以为您提供高效、便捷的生活体验，让您在忙碌的生活中节省时间。此外，我们还提供一年的售后服务，确保您在使用过程中无后顾之忧。"

黄强的真诚和专业的讲解打动了这位客户，他最终下定决心购买这款手机。黄强为客户打包好手机，同时还赠送了他一些实用的配件，如手机壳、充电器等。客户感激不已，连声道谢。

在销售行业中，许多销售人员常常抱怨不好跟单以及不好成交。然而，销售人员如果有机会去听一次他们的电话录音或者看一次他们与客户的面谈过程，就会发现一个普遍存在的问题：销售人员过于急功近利。

情况通常是这样的，当客户刚刚接起电话或者踏入门店时，销售人员仅仅交谈了几句，就迫不及待地推荐起自家的新产品："×先生/女士，我们公司最近推出了一款非常适合您的产品，您是否有兴趣了解一下？"客户对此的反应往往是这样的："你们都不了解我，怎么就知道这款产品适合我呢？"这让客户产生了疑虑，认为销售人员只是在机械地使用话术。在这种情况下，销售人员要想打破客户的心理防御，与客户建立信任关系，往往变得异常困难。

由此，现在向大家分享三个在跟单过程中介绍产品的关键点。

1. 学会提炼产品的核心价值和优势

在当今这个信息爆炸的时代，人们的注意力变得越来越稀缺。很少有人愿意花费大量的时间去倾听他人的长篇大论，即便是对自己心仪的产品也不例外。因此，销售人员在与客户沟通时，需要掌握一个关键技巧：简洁明了地提炼产品的核心价值和优势，并将它们与客户的实际需求和痛点相结合，从而打造出具有强大说服力的卖点。

首先，客户在购买产品时，往往关注的是某款产品能为他们带来什么实质性的好处。这就要求销售人员对产品要有深入的了解，挖掘产品的核心竞争力。比如，一款智能手机的核心价值可能在于其性能、续航能力、拍照效果等方面。销售人员需要将这些特点进行整合，并用简洁明了的语言表达出来。

其次，销售人员需要了解客户的需求和痛点。每个客户的需求和痛点都不尽相同，销售人员只有真正了解客户的需求，才能将产品的优势与客户的痛点紧密结合，使产品更具说服力。比如，如果客户在寻找一款能长时间使用的手机，那么销售人员强调手机的续航能力就是一个非常具有针对性的卖点。

最后，销售人员在沟通时，要善于运用各种技巧，将产品的核心价值和优势呈现给客户。可以通过对比、举例、讲故事等方式，让客户更直观地了解到产品的优势。同时，要避免过于烦琐的表述，尽量用简单明了的语言让客户能够快速地抓住产品的主要特点。

2. 诚信至上

销售人员花费大力气跟单很大一部分目的是获取客户的信任。销售人员要记住一点，这种信任其实是很脆弱的，尤其是在客户的选择非常多的前提下。

因此，在跟单时，销售人员向客户介绍产品的过程中，要始终坚持诚信原则，如实地告知客户产品或服务的相关信息，避免夸大其词或虚假宣传。这样，即使销售人员在沟通技巧上存在不足，客户也会因你的诚信而愿意与你建立长期的合作关系。

3. 别忘了产品的附加价值

销售人员在与客户沟通介绍产品时，不仅应该突出产品本身的特点和优势，还要着重强调那些附加价值，这些附加价值可能包括但不限于售后服务、延长的保修期、定制选项、培训支持、免费样品或其他额外的福利等。

通过强调产品的附加价值，销售人员可以有效地展示公司对客户的额外关照，使客户感受到超越基本产品功能的关注和服务。这样不仅有助于提高产品的吸引力，还能在客户心中建立起对公司品牌的信任和忠诚度。

附加价值的突出展示也有助于销售人员与竞争对手形成差异化，让客户更容易记住和理解他为什么选择了你的产品。这种区别化的优势可以在激烈的市场竞争中帮助销售人员更好地吸引和留住客户，为公司创造更多的商机和长期价值。

语言要有诱惑力

所谓语言的“诱惑”，本质上就是销售人员向客户阐述购买其公司产品后能带来的实际益处。以购买衣服为例，相信大家都曾听过导购人员这样的称赞：“您穿这件衣服真显年轻。”“这件衣服跟您的气质很搭。”“这款衣服显高，您穿上就变大长腿了。”

然而，导购人员是否真的这样认为，其实一点都不重要。关键在于，这些带有诱惑性的话语在一定程度上影响了客户的心理。客户在听到这些赞美之后，心中难免会产生犹豫：或许这些销售人员说的是真的，这件衣服确实非常适合我。一旦客户产生了这样的想法，销售人员的目标便已达成。

从这个角度来看，诱惑并非一定要建立在完全真实的基础上，而是要把握住客户的心理，引导他们朝着有利于销售人员的方向思考。比如，一个客户来找你买手机，即便你还不清楚他的具体需求是什么，你同样也可以影响他。比如，“这款手机的电池续航非常出色，即使你打游戏，也能使用很长时间。”“这款手机的拍照效果极佳，几乎达到了专业相机的级别。拍出来的照片绝对让你满意。”

唐志在一家专业运动鞋专卖店做销售人员。这家店环境幽雅，各式各样的运动鞋摆放得整整齐齐的，很受客户的青睐。

有一天，一位小伙子小李走进了专卖店。他看着一双双功能各异、配色鲜艳的运动鞋，眼中流露出浓厚的兴趣。唐志见状，立刻迎上前去，微笑着问道：“您好，请问您需要什么样的运动鞋？我可以为您推荐适合您的款式。”

小李犹豫地回答：“我只是来看看，暂时没有想好要买哪一款。”

唐志并没有因此而放弃，他信心满满地说：“请您放心，我们这里的运动鞋都是精选品质，既舒适又耐穿。我相信一定有一款适合您。请问您平时喜欢什么类型的运动？我可以根据您的需求为您推荐更合适的鞋子。”

听到这里，小李流露出了一些兴趣，他说：“我平时喜欢跑步和打篮球。”

唐志立刻抓住这个信息，向小李推荐了一款兼具舒适性和功能性的运动鞋。他详细地介绍了这款鞋的优点：“这款鞋采用了最新的科技，可以为您的双脚提供良好的支撑和缓冲，减少运动过程中的压力。它的鞋底设计独特，可以有效地提高抓地力，防止滑倒。此外，鞋面的透气孔保证了鞋内空气的流通，让您在运动时感觉更加清爽。”

小李听了唐志的介绍，忍不住心动了。但他还是有些犹豫，说：“虽然这款鞋看起来很不错，但是我还需要考虑一下。”

唐志看出了小李的心思，他信心满满地说：“这款鞋是目前市场上最受欢迎的运动鞋之一，我相信您一旦穿上它，一定会感受到它的魅力。而且我们店现在有优惠活动，购买这款鞋还可以享受折扣。请问您是否愿意试穿一下，感受一下它的舒适度？”

小李终于下定决心，试穿了那款运动鞋。果然，一穿上它，他就感到前所未有的舒适。唐志趁机继续说道：“这款鞋不仅适合跑步和打篮球，还能满足您日常穿着的需求。这种时尚的设计，不管是在运动，还是在平时的休闲场合，都能展示您的个性。我相信您购买这款鞋是一个明智的选择。”

听到这里，小李终于被唐志的诚意和产品的优势打动，决定购买这款运动鞋。他高兴地说：“好吧，我就买这款了，谢谢你的推荐！”

唐志为小李打包好鞋子，笑着说：“不客气，很高兴为您提供满意的服务。祝您购物愉快，也希望您能享受运动的快乐！”

通过结合产品优势和客户需求，唐志成功地运用诱惑性的语言，让小李心甘情愿地购买了这款运动鞋。这也体现了专业销售人员敏锐的洞察能力、沟通技巧和真诚为客户着想的服务态度。而小李也如愿以偿地得到了一双既舒适又时尚的运动鞋，两人都收获了满意的成果。

销售人员不妨思考一个问题：为什么带有诱惑性的话术，能够吸引客户、影响客户呢？答案其实很简单，因为人的本性就是喜欢听好听的话以及顺耳的话。同时，你也可以思考另外一个问题：既然客户喜欢听好话，那是否代表着销售人员可以随意说客户喜欢听的话呢？答案当然是否定的。诱惑性的话术虽然好用，但它不是万能的，更不是可以随便使用的。销售人员在使用诱惑性话术时，一定要注意以下两点。

1. 适度使用诱惑性话术

人们天生对顺耳的言辞有着自然的好感，这是不可否认的事实。然而，如果销售人员过度使用类似的话术，那么客户可能会产生怀疑，认为销售人员可能有其他目的。因此，在跟单的过程中，销售人员使用诱惑性话术需要谨慎地选择时机和内容。

诱惑性话术应该被看作是一种有力的工具，而非唯一的手段。适当地使用这类话术能够激发客户的兴趣，引导对话的方向，但重要的是要保持真诚和务实。销售人员过多夸夸其谈可能会适得其反，让客户感到不自在或产生不信任感。

在使用诱惑性话术时，销售人员应当根据客户的需求和反馈进行灵活调整。了解客户的心理和痛点，有针对性地选择合适的诱惑性言辞。通常，销售人员真实的体验分享、产品的实际优势，以及如何解决客户痛点的内容，都是更加具体和可信的诱惑性话术。

此外，销售人员应该注重在适当的时机传递关键信息，而不是过度强调。销售人员只有在建立信任的基础上，适时地运用诱惑性话术，展现产品或服务的独特价值，才能更好地引起客户的认同和兴趣。

2. 要诱惑，但不要虚假

在跟单与客户沟通时，销售人员描绘的“诱惑”应当真实地反映产品本身能够为客户带来的实际益处，而非虚假的宣传。销售人员要做的，是将产品的优点融入客户的日常生活，与他们的实际需求紧密结合，以实现真正的诱惑。

以手机销售为例，电池的超长续航和优质的拍摄效果是手机本身具备的优点。销售人员可以将这些优点与客户的实际需求联系起来，让客户感受到产品的实用价值。比如，对于经常出差的人来说，电池续航能力强的手机就能满足他们在旅途中的需求；对于摄影爱好者来说，手机拍摄效果的好坏直接影响他们记录生活瞬间的质量。这样的表述既真实反映了产品的性能，又能够吸引客户的兴趣。

然而，也有些销售人员在追求诱惑力的过程中，过分夸大了产品的优点，甚至弄虚作假。比如，将手机的电池续航能力描述成“使用两天都不需要充电”，这种宣传虽然吸引了客户的注意力，但与现实中的手机性能不符，这样做反而会让客户产生失望之情。这种过度诱惑的做法不仅损害了销售人员的信誉，还影响了企业的声誉。

因此，销售人员在进行产品宣传时，应遵循诚实、守信的原则，真实地展示产品的优点，避免虚假宣传。同时，销售人员还需要深入地了解客户的需求，将产品的实际益处与客户的日常生活相结合，让客户感受到产品的实用价值，从而达到真正的诱惑效果。

学会在适当的时间“火上浇油”

刘欣是一家知名科技公司的销售人员，主要负责推广公司的一款高性能智能产品。这款产品凭借其创新技术和优越的性能，吸引了众多潜在客户的目光。

一天，刘欣得知一位名叫张先生的潜在客户对公司的产品产生了浓厚兴趣。经过一番了解，刘欣发现张先生是一家大型企业的技术部门负责人，他们的企业正面临着转型升级的瓶颈，而刘欣公司的产品恰好可以解决他们的问题。这让刘欣看到了机会，他决定全力以赴地跟进这个客户。

在接下来的一个月里，刘欣多次拜访张先生，向他详细介绍了产品的功能和优势，并与他探讨如何将产品运用到他们企业的实际场景中。张先生虽然对产品表现出了明显的兴趣，但他总是说需要再考虑一下，没有立刻做出决定。

为了推动跟单的进程，刘欣使出了浑身解数。他不仅向客户提供了更为优惠的价格，还承诺在合同签订后为张先生的企业提供专业的技术支持。然而，尽管刘欣如此努力，但张先生还是没有被打动，反而显得更加犹豫不决。

在日常的工作当中，相信很多人都像案例中的销售人员一样，经常会遇到这类特殊的客户，他们在与销售人员交流的过程中，对产品或服务表现出极高的热情，但当销售人员试图推动跟单的进程时，他们却总是拖延回应，或者表示需要再考虑一下。这类客户的行为令许多销售人员感到困惑，他们不确定这些客户是真的有顾虑，还是在打着其他算盘，比如，仅仅是为了获取企业的信息。

如果是前一种客户，他们或许真的对产品或服务有兴趣，但是由于某些原因，他们不愿意立即下单。这可能是他们对产品或服务的质量、价格、售后服务等方面存在疑虑，也可能是他们对企业的信誉和口碑有所担忧。这些问题都需要销售人员耐心地倾听和解答，以便消除客户的顾虑，推动订单的成交。

然而，也有一部分客户是属于拖延型的，他们并无真正购买的意愿，而是利用拖延战术来获取销售人员和公司的更多信息。他们会故意拖延时间，以期销售人员透露更多的优惠信息或者透露其他方面的内容。

面对这类客户，销售人员需要具备一定的应对策略。首先，要保持良好的沟通，尊重客户的意愿，不要过于逼迫对方。其次，要善于倾听，了解客户的真正需求和顾虑，从而为其提供更有针对性的解决方案。再次，要学会辨别客户的类型，对于真正有购买意愿的客户，要积极引导，消除他们的顾虑；最后，对于拖延型客户，要谨慎对待，避免泄漏过多信息。

如果客户真的有成交意愿，只是因为有顾虑而犹豫不决，那么销售人员此时就需要给客户“浇点油”，帮助他做决定。

1. 找到客户迟迟无法做决定的根源

客户之所以犹豫不决，通常是因为他们对产品或服务存在某些疑虑，其常见的原因包括价格、性能、售后服务等。

首先是价格。客户对价格有担忧是常见的一种犹豫不决的原因。他们可能会担心产品价格过高，无法承受；或者怀疑价格过低，产品质量有问题。销售人员应充分了解产品价格的竞争力，并结合客户的需求，制定合适的报价策略。同时，可以通过解释产品价值的优越性，让客户认识到投资的价值，从而消除价格方面的顾虑。

其次是产品的质量或者性能。比如，客户担心产品无法满足自己的需求，或者性能不稳定。为了解决这个问题，销售人员需要向客户详细地介绍产品的特点和优势。此外，销售人员还可以通过实际操作或案例演示，让客户亲自体验产品的优异性能，从而打消他们的疑虑。

再次，售后服务也是客户犹豫的一个重要原因。这也很好理解，因为现实中有很多产品售后服务无法保障，产品使用体验极差的例子。所以，客户可能担心在购买产品后遇到问题时，无法得到及时解决。为此，销售人员需要向客户承诺完善的售后服务，并确保在售后过程中积极地回应客户的需求。此外，还可以通过提供延长保修期、免费技术支持等服务，进一步增强客户购买产品的信心。

最后，客户还可能对产品的品质、适用性、操作难度等方面存在疑虑。针对这些问题，销售人员要充分展示产品的优势，并结合客户的具体需求，为他们提供量身定制的解决方案。

2. 营造紧迫感

如果客户是因习惯性拖延而犹豫不决，那么销售人员可以利用这一心理，通过如下一些活动或者方法，让客户意识到购买的紧迫性。

一是独家特权。为客户提供在有限时间内独享的特殊权益或服务，这样客户将感到自己特别重要。比如，提前访问新产品、参与独家活动或享受个性化服务等，这些都可以成为创造紧迫感的独家特权。

二是动态定价。实行动态定价策略，通过强调价格将在未来上涨或特定时期内保持稳定，引导客户尽早做出购买决定。这种方式激发了客户的经济动机，使其更倾向于在紧迫感的推动下购买。

三是限量供应。强调产品或服务的限量供应，凸显其独特性和珍稀性。通过强调供应的有限性，销售人员可以促使客户更早行动，以确保能够获得所需的产品或服务。

四是季节性活动。利用季节性或特殊时段，如假期促销、季末清仓等，设置紧迫感。客户往往会在这些时间内更加关注促销信息，愿意更早做出购买决策。

在营造紧迫感的同时，销售人员也要注意一点，那就是提前通知客户，让他们有充足的时间准备。这样既保留了创造紧迫感的效果，又展现了销售人员的贴心服务。

第五章

了解你的客户，让跟单有的放矢

为客户画像，抓住他的每一个细节

所谓用户画像，简而言之，就是销售人员对目标客户群体进行深入挖掘和研究，从而勾勒出他们的需求、行为特征、消费习惯等关键信息。这些信息有助于销售人员和企业更加精准地把握客户需求，提供更加贴心的产品和服务，进而提升客户满意度和忠诚度。

对于销售人员跟单来说，用户画像具有以下五方面的积极作用。

第一，通过深入了解目标客户的用户画像，销售人员可以有针对性地制定跟单策略，确保每一次的跟进都尽可能与客户的需求和期望相匹配。这有助于提高销售的精准度，减少无效沟通，提升销售业绩。

第二，用户画像揭示了客户的真实需求，销售人员可以据此对服务和话术进行持续优化，以满足客户的实际需求。这样一来，销售人员不仅能够提升竞争力，还能通过优质的服务赢得客户的信任和口碑。

第三，销售人员基于用户画像的个性化跟单方式，能够让客户感受到销售人员对他们的关心和重视。当客户的需求得到满足时，他们对销售人员的满意度自然会提升。而高满意度则是客户忠诚度的基础，有助于销售人员稳固客户群体，降低客户流失率。

第四，用户画像为销售人员提供了关于客户行为和偏好的详细信息，这些信息有助于销售人员分析市场趋势，预测客户需求，为销售人员的决策提供有力的数据支持。这样，销售人员在市场竞争中能够做出更加明智的决策，抢占跟单先机。

第五，通过对用户画像的研究，销售人员可以更加精确地锁定目标客户，避免对没有潜力的客户进行无效跟单。这有助于降低跟单成本，提高跟单效率，使销售人员的每一分努力都能取得更好的回报。

孟旭在一家高端定制家具公司里工作，是公司里的销售精英。孟旭一直以来都注重构建客户的用户画像，他深信这是成功跟单的关键。

有一天，一位名叫艾丽的客户走进了孟旭所在公司的展厅。艾丽是一位注重品位和设计独特的时尚设计师，她正在为自己的新工作室寻找一些特别定制的家具。

在多次的沟通交流中，孟旭通过观察艾丽的着装和工作室的设计风格，猜测她对于家具的品位和偏好。然后，通过巧妙的开放性问题，他引导艾丽逐渐分享了她对家具的期望、对空间的需求以及对设计的独特见解。

在这个过程中，孟旭注意到艾丽对于环保材料非常关注，同时她希望家具能够反映她个性化的设计风格。孟旭逐渐在心中构建了艾丽的用户画像：注重环保、独具品位、对定制设计有较高的要求。

在接下来的跟单过程中，孟旭根据自己对艾丽的用户画像提供了一系列定制方案，包括使用环保材料、结合她独特设计理念的家具。他还通过展示之前成功案例，让艾丽更加信任孟旭公司的定制能力。

孟旭不仅提供了高质量的产品，还在交流中展现了对艾丽需求的深刻理解。这种个性化、有针对性的跟单策略让艾丽感到非常满意，她对孟旭的专业度和关注度赞不绝口。

最终，艾丽决定选择孟旭所在公司提供的定制家具，她相信这不仅是产品的选择，更是与孟旭建立的信任和良好关系的延续。

销售人员可以把用户画像想象成一份施工图纸。如果你想盖一座稳固的大楼，那么就要按照图纸的风格、步骤，一点一点地添砖加瓦，解决其中遇到的一个又一个问题，最终你就能够实现目标。对于销售人员来说，构建一份详细的用户画像，就可以掌握用户的需求、购物习惯、喜好等重要信息。以此为依据去跟单，几乎可以无往不利。

当然，销售人员在构建画像时，也需要注意以下四方面的因素。

1. 全面了解客户是关键

深入、全面地了解目标客户，是构建精准用户画像的关键一环。而且，不要局限于当前正在跟进的客户，而要包括对潜在目标客户的深入调研。以美妆产品销售为例，销售人员不仅要了解当前已有的客户，还要去研究哪些潜在客户可能对公司的产品感兴趣。

在进行这样的调研时，销售人员可以采用多种手段，如市场调查、社交媒体分析、数据挖掘等。通过这些方式，销售人员可以收集目标客户的基本信息，包括年龄、性别、地理位置等，了解他们的兴趣爱好，探究他们的购物行为和消费习惯。这样做能够帮助销售人员更准确地定位目标市场，从而为客户提供更贴近其需求的解决方案。

比如，在美妆产品领域，不同年龄段、不同性别、不同地区的人群对美妆产品的需求可能存在差异。通过详细的调研，构建精准的用户画像，销售人员可以发现潜在客户的共同点和差异，有针对性地制订推广活动方案，从而提高产品在目标市场的吸引力。

2. 留意关键要素

构建用户画像时，要特别注意抓住关键细节，这些细节对于了解客户、为其提供有针对性的解决方案至关重要。其中，职业、收入水平和购买动机是构建用户画像时不可忽视的三个关键要素。

职业是客户生活的一个重要方面，不同职业的人在需求和购买决策上可能存在显著的差异。比如，一位白领女性和一位自由职业者可能对美妆产品的需求和购买动机有所不同。了解客户的职业能够帮助销售人员更好地掌握他们的日常生活、价值观和消费行为等。

收入水平直接关系到客户的购买能力和消费习惯。高收入人群可能更倾向于追求高端品牌及更高质量的产品，而中低收入人群可能更注重性价比。通过了解客户的收入水平，销售人员可以为其推荐更符合其财务状况的产品，提高客户的购买满意度。

了解客户购买产品的动机，是构建用户画像中至关重要的一环。客户购买可能受到多种因素的影响，如实用性、奢侈感、追求时尚潮流等。销售人员通过深入了解客户的购买动机，能够更好地满足他们的实际需求，提供更有吸引力的解决方案。

3. 灵活性和动态性

用户画像的构建需要保持灵活性和动态性，因为用户画像是一个随时间变化的动态概念。销售人员在构建用户画像的过程中，应该保持对市场和客户的敏感性，时刻关注行业和市场的变化，以及客户的需求和特征可能发生的变化。

新的技术、趋势和竞争对手的出现都有可能对客户产生影响。销售人员需要随时调整用户画像，以反映这些变化，确保其提供的解决方案和服务仍然与客户的期望和需求保持一致。

此外，客户自身也可能发生变化，如职业、家庭状况、兴趣爱好等。这些变化可能直接影响客户的购买决策和偏好。因此，销售人员需要保持与客户的持续沟通，及时获取客户最新的信息，以便对用户画像进行及时调整。

4. 保护客户隐私

销售人员收集客户数据，只是为了更好地了解用户，进而采用更符合他们痛点和需求的方式推动跟单，而不是别的不合理的目的。因此，销售人员在收集和使用客户数据时千万要保护客户的个人信息不被泄漏。

客户其实比你想的更愿意花钱

在销售行业中，许多销售人员对于跟单存在一定的畏惧和误解。他们在内心深处认为，跟单的目标就是为了向客户推销产品，进而从中获利。这种观念使得他们在面对客户时，心生抵触，觉得这是一种不够磊落的行为。然而，他们忽略了一个关键的事实，那就是销售人员之所以会选择跟进这些客户，是因为客户中的绝大多数都存在消费需求。

再进一步想，客户之所以会有消费需求，是因为他们在生活中遇到了难题，需要通过购买产品或服务来解决。在这个过程中，销售人员跟单过程中的沟通只是消费过程的一部分，是客户比价、挑选的过程。客户只要找到了符合自己需求、认为合适的产品或服务，在付款时通常不会有过多的犹豫。

所以，销售人员要明白，客户在某些时候其实比销售人员更渴望达成交易，比销售人员想的更愿意花钱。他们希望通过购买产品或服务来满足自己的需求，提高生活质量。因此，销售人员要摒弃对跟单的恐惧和误解，正视自己的职责，为客户提供合适的产品和服务。

此外，销售人员需要明白，客户愿意花钱购买的不仅仅是产品或服务本身，还是购买过程中的体验。优质的服务、专业的建议和贴心的关怀都能让客户感受到尊重和重视，如果销售人员无法认识到这一点，那么你的服务、意见和产品对于客户而言，都不可能成为一个潜在的选项。

卢俊是一位刚刚加入销售团队的新人，对跟单过程尚未完全熟悉，距离资深销售人员还有很大的差距。一天，他遇到了一个潜在客户，希望能够尽快地完成一笔交易。

在初次接触中，客户对公司的产品表现出了浓厚的兴趣。但在后续跟单，谈论具体细节时，卢俊却接连遭到了客户的拒绝。面对拒绝，卢俊感到有些沮丧，他以为客户并没有购买意愿，于是决定在不浪费时间的情况下放弃这个潜在交易。

然而，令卢俊始料未及的是，过了几天后，这位客户主动联系了他，表达了购买公司产品的强烈意愿。卢俊感到非常惊讶，于是迅速与客户取得联系，详细了解他的需求后为其提供了解决方案。最终，这次交易在积极的氛围中成功达成。

卢俊通过这次跟单经历得到一个重要的启示：客户在一开始可能会有一些犹豫或者拒绝，但并不代表他们不愿意成交。有时候，客户需要一些时间来考虑和确认自己的需求，而过早放弃可能会错失很多潜在的机会。

看完案例之后，销售人员来思考两个问题。第一个问题：案例中的客户为什么会回来找销售人员？一个很可能的原因是，这位客户面临的问题已经迫在眉睫，而且在销售人员跟单的过程中，使客户意识到这款产品或者服务能够解决他们的问题。销售人员从中要学习到的是，在跟单与客户打交道时，一定要介绍清楚自家产品的优势和特点，并把产品的优势与客户痛点结合起来，这样才能更有竞争力，才能让客户的印象更加深刻。

第二个问题：销售人员为什么会很快放弃，而且还做出了客户不会成交的决定？其根本原因有两个，一是经验和能力有所欠缺，导致对跟单的形式判读出错。二是这个销售人员不了解自己的客户。因为从结果来看，公司的产品或服务与客户的需求是完美契合的。如果这个销售人员能够敏锐地捕捉到这一点，紧紧抓住客户的痛点，那么即便销售人员的经验、能力不足，成交也不成问题。

为了帮助销售人员更好地了解自己的客户是否有成交的欲望，接下来分享四种客户在消费过程中出现的情况。

第一种是在决定购买之前，客户会对比多个产品或服务，并进行充分的调查和研究。当他们最终确定购买某一款产品或服务时，说明他们对这款产品或服务的需求已经达到了一定的程度。在这种情况下，客户会对成交更加渴望，因为他们已经投入了大量的时间和精力。而销售人员则需要在这种竞争激烈的市场中展现自己的优势，让客户认识到选择销售人员的产品或服务是明智之举。

第二种是客户在购买过程中，会受到内外部因素的影响。内部因素包括个人需求、预算和购买权限等，外部因素包括市场竞争、行业动态和口碑等。当客户在面对众多选择时，他们可能会感到困惑和无助。而在这个时候，如果销售人员能够为客户提供专业、真诚的建议和解决方案，那么客户的购买欲望反而会变得更加强烈。

第三种是客户渴望成交的原因可能还包括他们对产品或服务带来的价值有很高的期望，如销售人员承诺的效果、产品或服务的创新功能等。在这种情况下，客户希望能够尽快地实现这种价值，从而满足自己的需求。销售人员需要把握住这种期望，通过有效沟通和跟进，确保客户在购买产品或服务后得到满意的服务和体验。

第四种是客户也担心会错失良机。在市场竞争激烈的环境下，客户可能会认为优质的产品和服务是有限的，害怕自己错过就很难再遇到。这种紧迫感会让客户在购买过程中表现出更强烈的成交欲望。销售人员应把握住客户的这一心理，适时地加大促销力度，推动客户下单。

交易是一个双方达成一致，才会闭合的行为。这个过程涉及销售人员与客户之间的互动，双方都需要在一定的条件下达成共识。在很多情况下，人们可能认为销售人员是交易的主角，实际上，客户并非被动地接受销售人员的推介，他们在交易过程中同样发挥着积极作用。客户会主动寻找解决自己问题的方法，这意味着他们愿意为了解决痛点而投入时间和精力。当销售人员能够准确地把握客户的需求，并提供有针对性的解决方案时，客户往往会更愿意花钱购买销售人员的产品或服务。

客户说“不”时，是在否定什么

在销售行业中，许多销售人员都会面临一个共同的困扰，那就是害怕被客户拒绝。这种恐惧心理使得他们在与客户接触时，总是心怀忐忑，担心客户立刻表现出不感兴趣的态度。然而，销售人员是否想过，当客户说出拒绝的话语时，他们真正否定的是什么呢？

可以肯定的是，他们否定的并不是销售人员本人，因为客户根本就不认识你，也不了解你。客户在跟单前期的拒绝，大多数是针对公司产品或者服务的。其中包括两方面的原因。第一，客户目前没有相关的需求，自然会拒绝；第二，在跟单还没有深入之前，客户对销售人员和其公司的了解可能相对有限。他们的拒绝可能是因为尚未全面了解销售人员的产品或服务的优势，而不是对销售人员的反感。

林正最近接手了一个重要的客户——某企业的老板张先生。可是开局不利，张先生刚听完林正的自我介绍和产品介绍，就直接拒绝了他。

面对这样的情况，林正并没有害怕、退缩，反而马上追问张先生拒绝自己的原因。张先生告诉他，并不是他不需要他们的产品，而是因为最近接到太多类似的销售电话，令他十分排斥。了解原因后，林正意识到这是一个机会，他当机立断，决定用简洁明了的语言，突出公司产品的优势，打破当前的跟单困局。

针对张先生的需求，林正用一份不超过一百字的简介，概括了公司产品的核心优势。听了林正的描述，张先生意识到林正所在公司的产品确实能够解决他当前的问题，原本冷漠对待林正的态度有所缓和。感受到张先生态度的转变，林正继续围绕客户的需求，展开介绍了公司产品的优势，及其在解决问题方面发挥的巨大作用。渐渐地，张先生不再抵触与林正的沟通，反而说出来了更多、更深的问题和需求。

这次跟单成功的经历使林正明白，面对客户的拒绝，关键在于销售人员如何找到问题所在，并对症下药。通过简洁明了的沟通，他成功地打破了张先生的心理防线，最终赢得了对方的信任。而对于张先生来说，林正的专业素养和诚恳态度也给他留下了深刻的印象，为双方今后的合作奠定了基础。

被拒绝和销售人员，这两个词几乎是绑定在一起的。作为销售人员，如果你无法正视、不能正确地理解客户的拒绝，那么你就注定无法成为一名合格的销售人员，更别说成为顶级的销售人员。接下来就跟大家分享一些面对客户拒绝时，需要注意的要素。

1. 保持冷静和专业

在面对拒绝时，保持冷静和专业是销售人员需要具备的一项至关重要的素养。它不仅有助于销售人员更好地理解客户的拒绝，还能帮助销售人员从中获取有价值的信息。销售人员应该认识到客户的拒绝并不一定是对其产品或服务本身的反感，而可能是由于其他因素，如预算限制、时间安排等。通过冷静分析，销售人员可以更深入地了解客户的具体情况，为后续的跟进工作提供更有针对性的方案。

此外，销售人员专业的表现也是树立销售人员的形象、增加客户对其信任度的关键因素。专业表现包括良好的沟通技巧、产品知识的熟练掌握，以及对客户需求的敏感性。销售人员在遭到拒绝时不要表现得过于情绪化，而是要以专业的形象回应客户，展现出公司的专业素养。这种专业性不仅有助于维护良好的客户关系，还有助于提高销售人员在客户心目中的信任度，为未来的合作奠定基础。

2. 主动追问原因

在面对客户的拒绝时，销售人员主动追问原因是一种积极主动的策略。通过主动追问的方式，销售人员能够深入地了解客户的真实反馈，揭示隐藏的潜在问题，从而为跟单进程的后续推进创造更有利的条件。

就像案例中展示的那样，客户可能因为一些个人原因或情绪上的困扰而拒绝销售人员，这时候通过细致入微的提问，销售人员可以更好地洞察客户的真实感受。这种情感上的理解可以为销售人员提供更为贴近客户需求的解决方案，化解潜在的危机。

有的时候，客户的拒绝也并非全盘否定，而是在某些方面有疑虑。通过详细的追问，销售人员可以迅速地定位客户的痛点，然后有针对性地介绍产品或服务的相关优势，解决客户的疑虑，从而改变客户的态度。

最重要的是，销售人员主动追问原因构建了一种开放式的沟通氛围。客户在感受到销售人员的关切和愿意解决问题的态度后，更有可能敞开心扉，分享真实的想法。这种沟通的开放性不仅能够促使客户表达得更多，还能为销售人员提供更多了解客户的机会，从而更好地满足客户的需求。

3. 为将来的合作做铺垫

通过主动地询问原因，销售人员可能会面临这样一种情况，那就是客户的拒绝确实是有特殊原因，或者当前的时机不合适，导致当下没有购买产品的可能。在应对这种情况时，销售人员首先要表示对客户状况的理解，表达对客户需求和限制的敏感性。这有助于增进双方的信任和理解，使客户感受到销售人员关注并尊重其决策的态度。

接下来，销售人员可以提出一个具体的建议，即询问客户是否愿意在将来的某个时间重新考虑购买。这种方式既展示了销售人员的耐心和服务态度，又为未来建立一种积极的业务的展望。客户因为当前时机不适合而犹豫，但在一段时间后，情况可能会发生变化，使得购买成为可能。

重要的是，销售人员在表达理解和提出未来联系的建议时要表现得真诚和诚恳，避免给客户带来任何压力或不适。这种关切和尊重客户决策的做法有助于保持积极的业务关系，即便在短期内没有成交，也可以为未来的合作留下机会。

顺着客户的逆反心理往下聊

所谓逆反心理，是指某个人在面对外界压力、期望或强制行为时，产生的一种反抗、反感或违抗的心理状态。这种心理状态通常表现为对规则、建议或命令的抵触，甚至在本应接受或合作的情况下，选择采取相反或对抗的态度。在心理学和行为科学中，逆反心理被认为是一种常见的现象，特别是在青少年时期，人们更容易表现出这种反叛的心态。

但很多人都没有注意到的是，在销售人员跟单的过程中，一些客户也会表现出逆反心理。比如，当一名销售人员给客户讲了一些专业性的意见和建议时，客户就会认为销售人员是错的，并根据自己的认知发表不一样，甚至是相反的观点。这就是典型的逆反心理的表现。

一部分销售人员在处理客户的逆反心理时，虽然嘴上敷衍着认可，但在心里腹诽不已，认为客户不懂装懂。等客户表达以后，销售人员依然自说自话，继续坚持自己的观点。这样一来，客户会觉得自己的看法没有得到认可，没有得到尊重，进而对销售人员心生厌烦、产生抵触之情，继续跟单也就无从谈起。

当销售人员转变一个角度，不用对抗思维去看待客户时，就会发现客户产生逆反心理其实是销售人员拉近双方距离的大好时机。

在一家智能耳机专卖店，销售人员孙俪遇到了一个客户，这位客户总是表现出一些逆反心理，喜欢发表一些与销售人员相反的观点。当孙俪在介绍一款新型智能耳机时，客户不时地提出自己的看法，质疑一些产品的设计和功能。

面对这位充满逆反心理的客户，孙俪并没有选择与其争论或试图说服对方，而是巧妙地采用了一种截然不同的策略。每当客户提出疑问或质疑时，孙俪都表现出极大的尊重，认可客户的观点，并用赞美的语气称赞对方的专业见解。这让客户感到被重视，同时也放下了一些戒备心理。

孙俪巧妙地将谈话引导到客户关心的领域，深入了解了客户的音乐喜好、使用场景和对音质的追求。在与客户的交流中，孙俪灵活地调整销售策略，不断强调耳机的独特设计、高品质音效和符合客户需求的特色。

通过与客户的沟通，孙俪巧妙地化解了客户的逆反心理，让谈话更加融洽。最终，客户因为销售人员孙俪的专业态度和耐心服务而在店里购买了一副高端的智能耳机。

《孟子·离娄上》中有一句名言："人之患，在好为人师。"有些人在和他人交往沟通的过程中，总认为自己的见识、智慧、知识超过了对方，所以非常喜欢教导别人。孟子把这种心理定义为"患"，由此说明这是一种非常不好的行为。然而对于销售人员来说，利用这种心理却是拉近与客户距离的工具。接下来就跟销售人员分享一些使用这种工具的方法和建议。

1. 表达的欲望

人都有表达自己观点的欲望。对于一些客户而言，当销售人员说了一些他不认可的看法时，客户就会心生逆反，然后发表自己的观点。销售人员要明白一点，客户之所以会产生逆反心理，很大程度上是因为他们对自己关心的问题有深刻的了解和看法，而正好你说的观点跟他的认知相悖。

当客户对销售人员提出异议时，销售人员应当以一种开放、包容的态度面对，不要立刻试图推翻客户的看法，而是给予足够的空间，让客户充分地表达自己的意见。

客户的观点可能受到各种因素的影响，哪怕他们的说法和认知是错误的，销售人员也不要当面戳穿他。因为销售人员的任务并非直接否定客户，而是在沟通中找到共鸣点。巧妙地转换话题是一个有效的策略，通过引导对话，销售人员可以将注意力逐渐引向客户关心的方面，从而找到双方共同的兴趣点。

在处理逆反心理时，销售人员还可以通过提出开放性问题，鼓励客户更深入地分享他们的想法和需求。这不仅有助于与客户之间建立更紧密的联结，还有助于销售人员更全面地了解客户的期望和诉求。

2. 要商品，更要面子

销售人员有没有想过，客户逆反心理的背后是什么呢？或者说，客户为什么要费那么大的力气去反驳销售人员呢？那是因为他们可以通过反驳销售人员，获得成就感或获得面子。很多时候，人们买某件商品，其实也是为了面子。

在某名牌服装店，销售人员吴莹遇到了一位客户，客户看了几件基础款的衣服后，并没有表现出满意的神色。吴莹敏锐地观察到客户似乎对这些款式缺乏兴趣，于是决定深入地了解客户的需求。

吴莹不断地转换话题，开始与客户闲聊。在交流中，客户分享了一些关于时尚的看法和对衣着的追求。渐渐地，客户提到了一些网红穿搭的流行元素，表达了对个性化和独特感的追求。

了解到客户想要的是网红款服饰后，吴莹迅速地找来店里的几个备受欢迎的网红款，一一为客户展示。她着重突出了这些款式的独特设计、时尚元素，以及在社交场合穿着它们能够带来的独特魅力。

同时，吴莹也强调了这些网红款衣服背后蕴含的“面子”价值。她向客户解释，在社交媒体上展示自己穿着时尚潮流的服装，不仅能够提升个人形象，还会在朋友圈里引起热议，增加自己在社交关系中的曝光度。

最终，在吴莹精心的引导和推荐下，客户选择购买了一套时尚的网红款式的衣服，最终达成交易。

明白了这个道理，销售人员在跟单的过程中，就要抓住客户好面子的心理，使自己的聊天主题和产品的优势、特点连接起来。如此，便能够轻松地推动跟单的进程。

3. 不能和客户起冲突

跟单的核心目标是建立良好的客户关系，创造信任，促成交易的顺利进行。在这个过程中，销售人员应该把握好沟通的节奏，避免陷入与客户争论的境地。客户可能会就一些观点提出反驳，作为销售人员，你应该以更为灵活和务实的态度来处理这些情况，而非陷入对抗性的争论中。

当客户对销售人员提出异议时，销售人员要保持冷静，理性地对待客户的观点。重要的是不要将对话变成一场辩论，而是将其看作一个学习和理解客户需求的机会。比如，引导对话，探询客户的具体想法，更深入地了解他们的需求和痛点。

在处理客户反驳时，销售人员可以灵活地运用积极的语气，表达对客户观点的尊重，并适时分享相关的信息，以帮助客户更好地理解产品或服务的价值。此时，销售人员要注重倾听，理解客户的立场，而非坚持己见。

借助理性、平和的态度回应客户的反驳，销售人员可以避免引发冲突，从而维护良好的客户关系。这种处理方式有助于建立信任关系，为日后的合作打下坚实的基础，提高成交的可能性。

第六章

跟单过程，这些坑不能踩

跟单高手不要有这些毛病

要想成为跟单高手，销售人员不要有以下三种毛病。

1. 前后表述不一致

如果销售人员在跟单中对同一件事情、同一个承诺，前后表述不一致，那么可能会让客户产生怀疑，怀疑销售人员的诚意和专业性。在跟单过程中，信任是基础，如果客户对销售人员产生不信任感，那么销售人员之前的努力很可能付诸东流，需要花费更多的时间和精力去挽回这种信任。

而且，对同一件事的不同表述，容易让客户产生混淆，无法明确了解产品或服务的真实情况。这会导致客户在决策时产生犹豫不决的现象，从而延长成交周期，甚至可能导致订单流失。

当客户心生疑虑时，就会花时间同销售人员确认哪一种信息才是正确的，以确保自己了解的是正确的。这不仅浪费了客户的时间，也增加了销售人员的工作负担。长时间下来，可能会影响销售人员的业绩和客户满意度。

如果销售人员在跟单中表现出不一致性，可能会让客户对企业产生负面印象，认为企业不专业、不负责任。一旦客户对企业产生不信任感，他们可能会选择不再与企业合作。客户流失不仅意味着业绩的下降，还可能对企业口碑产生负面影响，进一步影响潜在客户的开发。

如果是公司政策的改变，或者产品内容有所变化而导致前后表述不一样，那么销售人员要确认这些变化内容，并在第一时间主动告知客户，避免以上这些问题的出现。

2. 跟单方式死板

不同的客户有不同的需求和痛点，死板地套用相同的跟单方式可能会让客户觉得销售人员不重视他，从而对销售人员产生抵触、不信任等负面情绪。销售人员要明白一个道理，世界上没有两片相同的叶子，也没有两个需求、痛点和问题都相同的客户。销售人员之所以要跟单，就是希望在这个过程中，深入了解客户的需求并加以满足。如果销售人员只懂一种跟单策略，其实就限定了自己只能跟一类客户成交。试问，这样的销售人员怎么可能有大的成长和远的前景呢？

销售人员如果无法个性化、有针对性地跟进客户，就无法有针对性地提供个性化的解决方案。在残酷的市场竞争中，此举属于自断一臂，想要胜出，其难度可想而知。

除此之外，死板单一的跟单方式还会引发以下消极后果。

死板的方式可能导致销售人员缺乏灵活性，无法根据实时情境调整策略。市场和客户需求的变化需要销售人员具备灵活变通的能力。

市场环境和竞争态势不断变化，死板的跟单方式可能导致销售人员错失竞争机会。灵活性和敏锐度对于把握客户动态至关重要。

过于死板的方式可能导致销售人员的效率低下，一成不变的方式可能无法适应不同客户和情境的需求。

个性化和灵活性的不足可能使销售人员建立深厚的客户关系变得困难。良好的客户关系通常建立在灵活、个性化的沟通的基础之上。

3. 废话太多

此处提到的“废话”，指的是与跟单无关的、无法推动跟单进程的语言。与客户联络感情，培养信任的话不在此列。如果一个销售人员的废话太多，可能会导致以下六方面的问题。

一是客户失去兴趣。在销售人员跟单的过程中，废话过多的不良后果之一是客户可能感到烦躁，从而对产品或服务失去兴趣。比如，销售人员过度冗长、不切实际的陈述和解释，导致客户在沟通中感到不适和沮丧。

当客户的耐心被过多的废话消耗殆尽时，他们可能产生一种反感情绪，不愿再继续深入地沟通。这种失去兴趣的情况可能导致客户对产品或服务的理解变得模糊，甚至影响他们对整个销售过程的信任感。

二是信息混淆。大部分客户对专业知识都知之甚少，假如销售人员说的话太多，那么客户可能就分辨不出哪些是关键的信息，哪些是无用的。这样一来，客户会难以理解产品或服务的真正价值。

在这种情境下，清晰而简洁的表达显得尤为重要。不说废话，销售人员可以更集中地传递关键信息，确保客户能够准确地理解产品或服务的优势和价值。简练的表达方式有助于消除客户的疑虑和混淆，使他们更容易理解销售人员呈现的信息。

三是缺乏重点。本书已经强调过很多次，在跟单沟通时，销售人员要突出重点，如此才能让客户印象深刻。废话太多必然会影响客户记忆，甚至抓不住重点，也就无法突出产品或服务的核心优势。清晰地呈现关键信息更有助于引起客户的兴趣。

四是浪费时间。废话说得越多，就意味着浪费的时间越多，对于提升跟单效率来说，时间往往是至关重要的。如果销售人员在沟通中陷入冗长的废话中，跟单周期就会变得更长。这种情况可能给最终的成交带来很多不确定性，比如，客户可能在漫长的废话中失去耐心，对产品或服务的兴趣逐渐减弱。

延长跟单周期除了浪费时间，还可能给竞争对手创造机会。客户的需求是动态变化的，如果跟单时间过长，那么其他竞争对手可能更早地满足了客户的需求，导致失去商机。因此，销售人员废话过多不仅仅是在时间上的浪费，更可能影响最终的交易结果。

五是降低专业形象。过多的废话不仅仅会增加沟通时间，还可能给客户留下销售人员不够专业的印象。在跟单的过程中，每个客户都希望与专业、有经验的销售人员进行有效沟通，以获取对产品或服务的准确了解和信任感。

当销售人员过于啰唆，废话连篇时，客户可能认为销售人员缺乏对产品的深入了解，或者不具备足够的专业知识。这可能会影响客户对销售人员的信任感，从而减缓或阻碍整个跟单过程。

六是疏远客户。如果客户注意到销售人员说的大部分都是废话，那么可能会认为销售人员的态度不够严肃和专注。大部分客户都希望与注重细节、言之有物的销售人员进行合作，而不是与过于啰唆的销售人员打交道。废话多的销售人员可能给客户一种疏离的感觉，觉得销售人员未能真正理解他们的需求，从而降低了与销售人员合作的愿望。

客户更倾向于与能够专注聆听、迅速了解需求并提供有价值信息的销售人员建立良好的关系。因此，销售人员在跟单的过程中，要注意言之有物、突出关键信息，以展现自己的专业性和高效率，提升客户对销售人员的信任度和好感度。

要有的放矢，不要王婆卖瓜

刘毅是一家企业的销售人员，最近在跟进某企业的一位重要客户王先生。这位客户是一家大型企业的老板，希望找一家性能稳定、服务周到的供应商。

王先生关心产品的耐用性和售后服务，于是提出了一系列问题。刘毅虽然对自家公司的产品充满信心，但为了能够牢牢地抓住客户，他在回答问题时过于夸张，将产品性能渲染得几近完美无缺。

随着对话的进行，王先生开始感到刘毅的回答过于片面，而且过于强调产品的优势，让他产生了一种被过度推销的感觉。王先生开始怀疑销售人员的真诚度和产品的实际效果。

逐渐地，王先生对刘毅的回答感到厌烦，觉得他无法从中获取真实可信的信息。在比较多家公司的产品后，他最终选择了另一家公司，因为那里的销售人员更注重客户的需求，真实地回答了他的问题，而非过度夸大。

刘毅由于过度吹嘘使客户失去了对他的信任，最终失去了这笔交易。

市场中有完美的产品吗？答案是有的，那就是匹配客户需求，能解决客户问题的产品。所以说，销售人员在跟单过程中工作的重点是发掘客户需求，然后提供个性化的解决方案，而不是“王婆卖瓜，自卖自夸”。

在一些销售人员看来，他们忽视或淡化产品的不足，夸大产品特点和优势的做法能够在短时间内吸引客户的注意力，提高销售业绩。然而，这种方式不仅不利于建立长期稳定的客户关系，反而可能导致一系列不良后果。

客户在购物过程中，往往会对销售人员的夸大其词产生怀疑，认为其不够真诚，从而降低对其的信任度。长此以往，销售人员可能会失去客户，甚至损害企业形象。

销售人员过于关注产品的优点，往往忽视客户关心的核心问题，会导致客户认为公司的产品或服务无法满足其需求，转而投入其他公司的怀抱。即便那些客户被夸大的优势吸引，也会在拿到产品后，因为二者的巨大落差而感到失望，甚至会产生被欺骗的愤怒，从而引发售后问题，如退货、投诉等。

真正的客户关怀是销售人员通过深入了解客户需求，为其提供有针对性的解决方案，从而赢得客户的信任和满意。而王婆卖瓜式的销售人员过于关注短期利益，忽略了与客户建立长期合作关系的重要性。

如果在一家公司里，这种夸大销售的风气盛行起来，则极有可能导致恶性竞争。销售人员为了完成业绩，会采取不正当手段，如虚假宣传、价格欺诈等，扰乱市场秩序。这不仅损害了客户的利益，还可能导致行业整体声誉的下滑。

张强在一家电子设备公司工作，目前正在跟进一位客户李先生。李先生是一家中小型企业的负责人，正在寻找一套更加智能化的办公系统，以提高公司的工作效率。他对市场上的产品了解得不多，因此希望找到一位专业的销售人员来帮助他做出明智的选择。

张强在了解李先生公司的具体需求后，通过逻辑清晰、有理有据的方式，向李先生介绍了公司的产品特点。张强并没有回避产品的一些弱势项，反而在透明度上更进一步。张强如实地告诉李先生公司产品的优点，同时也坦诚地提到了一些相对较弱的方面。

通过详细解释每个特点的实际影响和应对方法，张强展现了其对产品的深刻理解和专业知识。李先生被张强的真诚和专业打动，感受到了合作的诚意。

在提供定制解决方案时，张强进一步明确了公司产品如何满足李先生公司的具体需求，解决了他们的痛点。最终，李先生对张强提出的解决方案非常满意，他看到了这套系统对自己公司未来发展的积极影响。

在专业、真诚的跟单过程中，张强成功地打动了客户，使双方建立了坚实的信任关系。这不仅使得这次交易成功达成，还为未来的合作奠定了基础。

其实，跟单和成单并不复杂，根本不需要夸大。我们可以回想自己消费的经历，可能会发现有几次因为听信了销售人员夸大的宣传而购物，但最终买回来的商品并没有让人满意。相比之下，那些在销售人员专业意见的指导下，经过多方比价后进行消费的经历，通常会带来更加令人满意的结果。

夸大式的销售人员往往会以夸张的言辞和不切实际的承诺吸引顾客，但随之而来的是期望和现实的巨大落差。在这种情况下，顾客可能会感到失望，产品或服务无法达到他们最初期望的效果，最终影响了整个购物体验。

而在专业的销售人员的指导下，销售人员往往会通过对产品或服务的深入了解，为顾客提供真实、准确的信息。这样的销售过程更注重满足顾客的实际需求，通过专业的建议和指导，帮助顾客做出明智的购物决策。在这种情况下，顾客更有可能获得符合期望的满意的结果，建立起对销售人员的信任感。

因此，可以得出一个显而易见的结论：夸大的销售人员可能会带来更大的失望，而专业的销售人员更有可能为顾客提供满意的结果。

这六种话千万不要说

在跟单的过程中，销售人员不要说以下六种话。

1. 使用太多的行业术语或行话

在绝大部分情况下，销售人员接触到的客户都不是专业人士，他们可能对行业术语知之甚少。如果销售人员在与他们沟通时频繁使用术语，可能会让他们感到困惑、排斥，甚至失去兴趣。这样一来，销售人员就难以传达产品或服务的真正价值。

而且，就算销售人员在用到每一个专业术语后立马加以解释，客户也需要花费时间去理解，这将严重拖延沟通进程，影响双方的交流效果。

因此，在与客户沟通时，销售人员要尽量使用通俗易懂、简洁明了的语言，让他们能够轻松地理解销售人员表达的意思，进而更快地理解产品或服务的特点和优势。

此外，不使用太多的专业术语，其实也能展现销售人员的专业素养和负责任的态度。如果销售人员能够用简单易懂的语言与客户沟通，表明你关心他们的需求，愿意为他们提供更好的服务。这样，客户会对销售人员产生信任感，有利于建立长期的合作关系。

在具体的沟通过程中，销售人员也可以参考这些小建议。第一，销售人员在讲解产品或服务时，尽量用日常词汇来描述功能和优势。这样，客户更容易理解销售人员表达的信息。第二，销售人员必须使用专业术语时，要及时向客户解释其含义。这样，客户在听到这些术语时不会感到迷茫。第三，学会运用类比和比喻。销售人员通过将这些专业术语与客户熟悉的事物相比较，帮助他们更好地理解难以解释的概念。

2. 否定或批评客户

常言道，客户是上帝，他们的满意度直接影响销售人员公司的业绩和口碑。因此，在处理客户的疑问或异议时，销售人员要采取一种谨慎和尊重的态度。就算客户的观点有误，销售人员也不要直接否定或批评他们。因为这样的话语会让他们感到受挫，进而对公司的产品或服务产生负面影响。

首先，销售人员要学会用中性语气回应客户的疑问。比如，当客户提出一个错误的观点时，销售人员可以说："我理解您的想法，但我有一些不同的观点。"这样的表达既尊重了客户，又给出了自己的观点，起到了良好的沟通效果。

其次，销售人员要善于引导客户，让他们自己意识自己的问题所在。比如，通过提出有针对性的问题或给出相关建议，引导客户思考，让他们在对比分析中找到正确答案。这样既能增进客户对销售人员的信任，又能帮助他们解决问题。

最后，销售人员在跟单过程中，要遵循一个原则：尊重客户，切勿直接否定或批评他们。通过运用恰当的沟通技巧，销售人员不仅能赢得客户的信任，还能提高销售业绩，实现双赢。

3. 贬低竞争对手

这一点是很多销售人员容易犯的错误。他们可能认为，通过诋毁竞争对手，可以凸显自家产品或服务的优势，进而赢得客户的青睐。事实上，这种策略并不明智，甚至可能适得其反。我们可以回想自己的购物经历，当我们听到一个销售人员肆意地贬低另一家公司和他们的销售人员时，你会做何感想？你会认为这个销售人员和他们的产品更有竞争优势吗？当然不会。

当销售人员一味地批评竞争对手时，客户可能会认为这家公司的整体水平都不高，从而对他们的产品和服务的质量产生怀疑。这样一来，销售人员不仅无法提升自身的形象，还可能让客户对整个公司失去信心。

同时，过分强调竞争对手的不足会让客户产生逆反心理。人们往往不愿意被一方压制，尤其是当这种压制显得过于刻意时。销售人员只有尊重竞争对手，客观地看待市场格局，这样才能获得客户的信任。

销售人员需要做的是，深入了解自家产品和竞争对手的差异，从中挖掘独特的优势，并有针对性地展示给客户。这样既能彰显自家产品的竞争力，又能避免过多地涉及竞争对手。

如果销售人员不得不谈论竞争对手，或者当客户提及竞争对手时，销售人员要保持客观公正的态度。可以指出竞争对手的不足，但同时也要承认其优点。此种做法能让客户感受到你的专业和诚实，从而对你所说的内容也会多信几分。

在跟单的过程中，销售人员应将关注点放在客户需求上，而不是将精力浪费在贬低竞争对手上。通过深入了解客户需求，销售人员为客户提供有针对性的解决方案，帮助客户实现价值，才能赢得客户的信任和支持。

4. 虚假宣传或误导客户

虚假宣传或误导客户，是一种绝对不能容忍的行为，因为诚信是销售工作的基石。销售人员不要为了达成销售目标而欺骗或误导客户，这样既是对客户的不负责任，也是对自己的职业生涯的不尊重。

之所以会有某些销售人员选择这种错误的方法，是因为他们觉得虚假宣传和误导客户可能会在短期内带来一些交易。但从长期来看，这种做法无疑会降低客户对其信任度，损害品牌声誉，甚至导致自己要承担法律责任。

值得指出的是，虚假宣传和误导客户不仅仅是指故意说谎，还包括任何可能会让客户产生误解的行为。包括但不限于过分夸大产品的优点，隐瞒产品的缺点，或者对产品的功能进行误导性的描述。这些行为都是对客户的权益的侵犯，一旦被发现，将会对销售人员的声誉和职业前途造成极大的影响。

向客户提供真实、准确的信息，不仅仅是对销售人员职业道德的要求，还是对客户负责任的表现。真实的信息能够让客户对产品有全面、深入的了解，从而做出明智的购买决策。而且，提供真实的信息也能够使销售人员与客户之间建立信任关系，为今后的销售工作打下坚实的基础。

5. 强硬推销

销售的本质是服务，而不是强迫。销售人员要以诚恳、真诚的态度与客户沟通，让客户感受到真诚的服务和关心。在这个过程中，尊重客户的意愿和选择至关重要。

在跟单过程中，销售人员要给客户留有足够的思考空间。也就是说，销售人员不要一开始就向客户猛烈地推销产品，而是要让他们在了解产品或服务的基础上，逐渐对其产生兴趣，从而自主地做出购买决定。

其实，客户做出购买决定，需要经历一个从认识到认同的过程。而想要获得对方的认同，销售人员就要善于倾听客户的诉求，了解他们的需求，并根据客户的需求为其提供有针对性的解决方案。过于强硬的推销只会把客户越推越远，越来越无法认同销售人员。

总之，销售人员要遵循一个原则：以客户为中心，尊重他们的意愿，让他们在充分了解产品的基础上自主做出购买决定。

6. 对客户不满，抱怨客户

在跟单过程中，很多销售人员都遇到过极为不配合，甚至是不礼貌、言语粗鄙的客户。对于销售人员来说，即便是碰到这样的客户，也不要在言语上争输赢，更不要“以牙还牙”，从而对客户说一些不满和抱怨的话语。

首先，销售人员与客户沟通的目的是解决问题，满足客户的需求。这就要求销售人员在面对不配合的客户时，保持冷静和理智，避免陷入言语争执。如果双方都把注意力放在争论，而不是解决问题上，那么就无法达到预期的效果。

其次，销售人员要以客户为中心，尊重他们的意见和需求。即使客户的态度让人难以接受，销售人员也要保持专业素养，不要把负面情绪传递给对方。这样做不仅有助于维护公司的形象，还能为销售人员赢得客户的信任和尊重。

要拉近关系，更要有界限

几乎所有的销售人员都知道，在跟单时要拉近与客户的距离，这样有助于培养良好的感情，进而赢得客户的信任。但在这个过程中，一个值得深思的问题是：销售人员应该如何把握这种关系的发展程度，使其既能拉近与客户的距离，又不会因过于亲密而引起对方的反感？

销售人员与客户建立良好关系的目的，不仅是完成销售任务，还是创造长期稳定的客户资源，为企业带来持续的收益。因此，在追求与客户建立信任关系的过程中，销售人员要找到一个平衡点，既能满足客户的需求，又能保持专业的销售态度。

一方面，销售人员要关心客户，了解他们的需求和痛点。并且，销售人员要投入时间和精力去聆听客户的心声，关注他们的生活，及时提供有针对性的解决方案。通过这种方式，销售人员可以让客户感受到自己的关心和诚意，从而拉近彼此的距离。

另一方面，销售人员也要注意与客户保持适当的距离。过于亲密的关系可能会让客户感到不适，甚至导致对方产生抵触情绪。因为双方都知道这段关系有一个前提，那就是交易，而非单纯地建立感情。所以，销售人员要遵循“尊重”的原则，避免过度干涉客户的生活，保持专业的销售素养。

在一个小型IT公司，销售经理王峰正在跟进一个潜在客户，这是一家新兴的科技创业公司。王峰了解到，该公司对他们的软件解决方案表现出浓厚的兴趣，于是他决定在与客户的关系上再多下功夫。

在一次商务午餐中，王峰试图拉近与客户的关系。然而，由于对关系深度的判断不准确，他在尝试营造友好谈话氛围的同时，过分深入了一些私人话题。他询问了关于客户的个人生活、家庭状况，甚至触及了一些较为敏感的话题。

客户感受到王峰侵犯私人空间的行为之后，开始对王峰抱有戒心。商务午餐结束后，客户明显地表现出疑虑，并在之后的邮件和电话交流中变得保守起来。

王峰意识到自己的失误，立即采取行动纠正这一局面。他向客户致以真诚的歉意，解释自己的初衷是更好地了解客户需求，但他也明白自己在处理关系时的失误。尽管王峰做出了最大的努力去挽回，但这个客户最终还是流失了。

在现实的工作环境中，像案例中的现象并不少见。而且，很多销售人员是在不自知的情况下触碰了这个“雷区”。类似的情形时刻警醒着其他销售人员：要想拉近与客户的距离，就要有界限感。

要想做到这一点，销售人员可以参考以下三点建议。

1. 专注于业务层面

销售人员能够给客户提供的不仅仅是产品，更重要的是服务，如专业性的知识和经验。所以在与客户交流时，销售人员应该保持专业的态度，把重点放在业务和产品本身的讨论上。这样，销售人员才能在客户心中为自己树立起专业的形象，赢得他们的信任。

当然，这不代表着销售人员不可以与客户加深联络。在业务交流的基础上，适当地培养与客户的感情，无疑是提升销售业绩的利器。比如，可以通过关心客户的生活、关注他们的喜好等方式，拉近与客户的距离。这样，销售人员在与客户交流时，就能更加轻松自如，从而提高成交率。

2. 不要侵入客户的私人空间

每一段关系里都存在“雷区”，是另外一方绝对不能涉足的地方。对于销售人员和客户这段关系来说，客户的私人空间，如客户的收入水平、年龄、家庭状况等，就是销售的“雷区”。

在讲解构建用户画像时提到过，销售人员要全面了解客户，要关注客户的关键信息。那么销售人员应该如何平衡其中的关系呢？举个简单的例子，如果你是一名保险销售人员，那么就需要了解客户的健康问题、家庭状况等敏感信息，客户也不会认为你是在侵入他的私人空间，因为这是产品特性决定的。

但如果你是一名美妆产品的销售人员，那么当你主动去询问客户的收入、健康、家庭等信息时，就会引起客户的警惕和防御心理。

其中的关键区别就在于，你究竟是因为产品或者服务的需要而去了解客户的敏感信息，还是因为没有边界感，唐突地侵入客户的私人空间。

所以，销售人员要记住一点：收集客户的信息，是要围绕产品展开的。如果因为特殊原因，销售人员不得不向客户询问一些敏感信息时，一定要提前做好铺垫，让客户明白是因为产品或者沟通需要，而不是有意要触碰其隐私。

3. 不要过度自我暴露

有相当一部分销售人员存在这样一种心理，即希望通过分享自己的秘密，来获取客户的信任。在他们的认知里，分享隐私属于一种信任行为，即销售人员信任了客户之后，因此客户也应该信任销售人员。那么，这种逻辑关系一定成立吗？答案是否定的。

刘江接触了一个潜在客户王女士。在跟单的前期，双方沟通得非常顺畅，建立了初步的信任关系。

为了更进一步拉近与客户的距离，在后续的跟单谈话中，刘江开始讲述他个人生活中的一些困扰和挑战。他分享了一些自己家庭问题和职业上的挫折，以展现自己的真诚和坦率。然而，他并没有意识到，这些私人话题可能让客户感到困扰。

王女士对这种过于私人的交流感到不适。她原本只是想了解产品和服务的信息，却被销售人员的个人事务淹没。她觉得刘江的做法过于热情，使商业交流失去了专业性。

最终，王女士决定向其他公司寻找更专业的服务。她不喜欢在商业环境中被卷入销售人员个人问题的交流，觉得这样不利于建立真正的商业合作。

从客户的角度来看，他们的初衷就是想找能够满足需求、解决痛点的产品，而不是与某家公司的某个销售人员做朋友。并且，他们根本无法判断销售人员分享的所谓的秘密是真是假，信任的交换就无从谈起了。

跟客户做心理博弈并不可怕

所谓心理博弈，在销售这个行业里，指的是在跟单的过程中，销售人员通过观察、分析和主动引导，与客户进行的一种复杂的心理对话和交互。这种博弈旨在深入了解客户的需求、痛点、动机和心理预期，以便销售人员更好地满足客户的期望，提高交易成功的机会。

某天，销售人员赵龙前往拜访一位跟进很久的客户。

在前期的跟单进程中，赵龙发现这位客户对于他提出的一些建议总是有异议，并表现出对新产品和新潮的设计不太感兴趣。赵龙尽管付出了很多努力，还是难以获取客户真实的购买动机和偏好。

在多次交流后，赵龙意识到这位客户是一个非常坚持自己认知的人，很难轻易接受别人的建议。于是，他决定改变策略，开始与客户展开心理博弈。

首先，赵龙采用主动引导和提问的方式，逐渐深入了解客户的生活方式、喜好和家庭需求。通过巧妙提问，他引导客户谈论了家庭成员的习惯、对家居氛围的期望以及对舒适度的追求。在这一过程中，赵龙灵活运用了心理博弈的技巧，让客户感觉到他是在关心和理解自己的真实需求。

其次，赵龙主动分享了一些与客户相似的成功案例，以及一些客户在使用新产品后获得的实际益处。这样既巧妙地避免了直接否定客户的看法，又在潜移默化中改变了客户的认知，使客户开始思考是否有一些新的设计和产品确实符合自己的需求。

最终，赵龙成功地获取了客户的真实需求，并根据客户的生活场景和喜好为其推荐了一系列家居产品。在购物的过程中，客户逐渐认可了销售人员赵龙的专业建议，最终达成了交易。

具体来说，销售人员可以通过以下四种动作来把控、掌握客户的心理活动，从而更加了解他们。

1. 观察和洞察

销售人员要注意，这个过程远非简单地看客户的外在表现，而是一种深入挖掘客户潜在情感和需求的技能。销售人员需要以敏锐的眼光观察客户的言行举止、面部表情、身体语言以及其他微妙的细节。

言行举止是一个重要的线索，从客户的语言、语速、音调中，销售人员可以嗅到客户的情感状态。比如，语气的变化、表达中的犹豫或坚定，都可能反映客户的内心波动。此外，仔细观察客户的面部表情，尤其是眼神、微笑或者紧锁的眉头，可以帮助销售人员捕捉到客户的情感变化。

除了言行，身体语言也是洞察客户心理的重要工具。客户的姿态、动作、姿势等都能传递出他们的情绪和心理状态。举例来说，客户是否紧张地交叉双臂，或者是否舒展身体，都可能透露着关键的信息。

通过综合这些观察，销售人员能够更深入地了解客户的情绪状态、偏好和疑虑。这种洞察不仅有助于销售人员更好地调整自己的沟通方式，还能够为提供个性化的解决方案奠定基础。

2. 主动引导和提问

销售人员可以通过巧妙的提问和引导，引导客户逐渐展示他们真实的需求和意愿。透过客户的回答，销售人员能够更深入地了解客户的心理状况。

这是一种以引导性问题来激发客户真实需求和内心想法的技巧。通过巧妙提问，销售人员可以引导客户逐步展开对话，使客户更自然地分享他们的内心感受。

比如，运用开放性问题，让客户有更多的空间表达个人见解和感受。这种问题通常以“怎么样”“为什么”等开头，鼓励客户深入描述。比如，销售人员可以问：“您对这种解决方案的期望是什么？”或者“您认为目前的产品是否完全满足您的需求？”

此外，销售人员还可以使用封闭性问题来获取具体的信息，比如，“您更喜欢产品的哪种特性？”或者“您的预算是多少？”这样有助于收集客户的具体要求和限制条件。

通过主动引导和提问，销售人员能够深入了解客户的心理状况，抓住客户的核心关切和期望。这样的交流过程不仅有助于构建更深层次的关系，还为客户提供更具个性化的解决方案做支撑。

3. 应变和灵活性

销售人员在与客户互动的过程中，要不断观察和分析客户的反应，以及时察觉到他们的心理波动。客户可能因外部环境、个人情绪或其他因素而发生变化，而这种变化会直接影响他们的购买意愿和态度。

灵活性是指销售人员在面对客户的不同心理状态时，能够迅速调整沟通策略和跟进计划。这包括但不限于调整语言表达方式、提供额外的信息支持、调整产品或服务的介绍重点等。通过灵活的反应，销售人员可以更好地满足客户的需求，从而增强与客户的沟通效果。

应变和灵活性的体现也包括在客户提出意见或疑虑时，销售人员能够适时地做出回应，而不是僵化地坚持原有立场。这种积极的反应方式有助于平稳客户的情绪，避免可能的矛盾和冲突，促进跟单进程的顺利推进。

4. 解决疑虑和顾虑

部分客户在心理博弈时会表达自己的疑虑和顾虑，这些疑虑可能关乎产品的性能、服务的质量、价格的合理性，或者其他与交易相关的方面。销售人员需要善于识别并针对这些问题提供有力的解决方案，以消除客户的担忧，从而增加交易的成功可能性。

首先，销售人员在接触客户时应主动了解客户可能存在的疑虑和顾虑。这可以通过提问、倾听和观察客户的表情、语言和身体语言等方式进行。了解客户的疑虑是解决问题的第一步。

其次，销售人员需要以专业、真诚的态度回应客户的疑虑。在提供解决方案时，销售人员要确保信息准确、清晰，并强调产品或服务的优势和附加值。通过专业的解释，销售人员可以有效地打破客户的疑虑，提升客户对产品或服务的信心。

最后，在解决客户疑虑和顾虑的过程中，销售人员还可以分享相关的案例、用户评价或其他证明材料，以证明产品或服务的可靠性和优越性。这有助于客户更加全面地了解并接受销售人员提供的信息。

第七章

跟单复盘，找到病根“治大病”

失败不可怕，可怕的是不知道为什么失败

在跟单的过程中，应该说失败才是一种常态，成功是失败积累得多了，才慢慢开出的花朵。所以从某种角度来看，把销售人员能力高低区分开来的，就是失败次数的多少以及面对失败时的态度。

很多销售人员不愿意跟单，本质上就是害怕面对失败。但对销售人员成长阻碍更大的是，在失败后浑浑噩噩、迷迷糊糊，根本不知道自己为什么失败。古人说“前事不忘，后事之师”，销售人员如果无法从前一次的失败中总结经验教训，那么下一次跟单，仍然可能失败。

销售人员要记住一点：从失败的跟单过程中找出自己的能力缺陷和不足，是你成长最快的途径。当然，也有一种情况是，销售人员虽然懂得这个道理，但是囿于种种原因，找不到着手的方向，或者总结得不清晰、不彻底，无法触及根源。

接下来，就为销售人员分享一些总结失败的方向。

1. 没有摸清客户的需求

销售人员跟单的核心目标是满足客户的需求，为其提供满意的解决方案。如果销售人员没有充分了解客户的需求和期望，就难以提供符合客户期望的产品或服务。对客户需求了解不足，可能会使销售人员在与客户沟通时，无法迅速找到切入点，从而延长销售周期。甚至可能导致客户对销售人员的专业素质和公司信誉产生怀疑，从而增加客户流失的风险。

2. 沟通不流畅

销售人员与客户之间的有效沟通是建立信任、传递价值和实现成交的关键。然而，许多销售人员跟单失败的原因之一就是沟通不清晰、不流畅。其主要表现为以下四种情形。

一是表述模糊。销售人员在描述产品或服务时，可能表述不准确或遗漏关键信息，导致客户无法全面地了解产品或服务的特点。

二是信息过量。销售人员为了展示自己的专业知识，可能会一股脑儿地向客户传递大量信息，使客户感到困惑，无法抓住重点。

三是沟通方式不当。销售人员与客户沟通时，可能由于语气、表情、肢体语言等原因，使客户产生误解或不满。

四是没有倾听。销售人员在与客户沟通时，可能过于关注自己的表达，而忽略了倾听客户的需求和意见。

3. 缺乏专业知识

具备专业知识是成为专业销售人员的重要前提之一。如果销售人员在跟单过程中，无法有效地传递产品知识、专业知识，那么客户就难以对产品的质量和效果产生信任。因为客户在购买产品时，往往希望能够得到专业的指导和建议，从而确保自己的购买决策是正确的。

因此，销售人员在复盘总结时，一定要反思自身是否具备丰富的产品知识和专业素养，能否在客户提出疑问时，给予及时、准确的回答。

4. 未能处理客户的异议

当客户提出疑虑或异议时，如果销售人员未能及时、有效、合理地处理，就容易导致跟单失败。常见的客户异议包括如下七点。

一是价格异议。客户可能认为产品或服务的价格过高，希望能够争取更优惠的价格或折扣。

二是产品质量疑虑。客户对产品的质量、性能或耐久性表示疑虑，担心购买后可能会面临问题。

三是交付时间。如果涉及产品的交付，客户对交付时间提出异议，特别是时间表无法满足他们的需求。

四是合同条款。在签署合同之前或之后，客户对合同条款提出疑虑，可能与付款方式、保修期限等相关。

五是需求不匹配。客户的实际需求可能与销售人员提供的产品或服务不完全匹配，导致客户提出异议。

六是竞争对比。客户可能会将销售人员的产品与竞争对手的产品进行比较，提出有关差异的异议。

七是解决方案不足。如果客户认为销售人员提供的解决方案不能满足他们的需求或解决问题，可能提出异议。

5. 特殊情况特殊对待

在销售人员的跟单过程中，有时候会遇到一些特殊情况，如客户的特殊需求、时间紧急、预算限制等。如果销售人员不能灵活地应对，没有在特殊情况下提供特殊化的解决方案，就容易导致跟单的失败。

这种失败可能源于对客户需求的判断不够准确，未能深入了解特殊情况对客户的影响，以及未能及时调整销售策略来满足客户的特殊需求。

成功的经验是否可以复制

销售是一项充满挑战的工作，它既需要敏锐的洞察力，又需要坚韧不拔的毅力。在销售过程中，失败和成功都是不可或缺的元素，它们共同推动着销售人员的快速成长。多数销售人员很多人只关注失败的经验，希望通过避免再次犯错来提升销售能力，实际上，成功的经验同样具有极高的价值。因此，销售人员在完成每单交易后的复盘过程中，不仅要分析失败的原因，还要深入探讨成功的要素，以便将成功的经验复制到今后的销售活动中。

销售人员要明确一个观念：成功并非偶然，而是在一定的策略和技巧指导下取得的。销售人员在完成一单业务后，要认真总结自己在沟通、谈判、客户关系维护等方面的做法，从中找出成功的关键因素。这些关键因素包括：精准的客户定位、有效的沟通技巧、对客户需求的准确把握、灵活的谈判策略等。销售人员将这些关键因素提炼出来，就可以为今后的销售工作提供有力的指导。

1. 复盘跟单过程

追溯整个跟单过程的起始点，包括如何初次接触客户，是通过电话、微信，还是面对面等不同渠道，以及初次接触时的客户反应和表现。

然后是跟单沟通的过程，包括哪些沟通工具被使用，沟通的频率和方式，以及销售人员采用的语言和表达方式。

同时，销售人员还应该仔细回顾解决重点问题的步骤，比如，客户提出的问题是什么，是如何进行分析和解答的，采用了哪些解决方案，以及客户对解决方案的反馈等。最重要的是如何推动客户决定成交的，是沟通技巧、心理博弈，还是为其提供了一些优惠政策。

通过对整个过程的详细记录，销售人员能够事后回顾整个过程，深入剖析各个环节的细节和关键点。这样的复盘有助于发现一些隐含的成功之处，可能是某一次独特的沟通技巧、某个问题处理得当，或者是在特定时机采取的某种策略。

这些细节中蕴含的成功经验可以成为以后跟单过程中的复制模式，帮助销售人员更有针对性地应对不同情境，提高跟单的成功率。此外，翔实的记录是经验的积累，可以帮助销售人员形成更加完善的销售策略和应对方案，从而不断地提升个人的专业素养和销售业绩。

2. 分析成功的关键因素

客户千差万别，但销售人员在跟单中所使用和接触的关键因素大同小异，如产品知识、沟通技巧、客户关系管理等。通过复盘，明确自身有哪些做得出色，值得在之后的跟单中再次使用，有哪些是略显不足，需要加强、提升的。

一是产品。在总结成功的经验时，销售人员可以进一步探讨如何在实际销售中运用产品知识的。比如，是如何利用产品知识回答客户疑虑、强调产品优势，并最终促成交易的。

二是沟通技巧。不仅提及沟通技巧的重要性，销售人员还可以认真总结在与客户互动中采用了哪些具体的沟通技巧。比如，是否进行了主动倾听、善用提问、适时表达认同等，以及总结这些技巧对整个跟单过程的影响。

三是客户关系。在这个方面，销售人员要总结是如何建立和维护良好的客户关系的。这可能包括定期沟通、了解客户的需求变化、提供个性化的解决方案等具体操作步骤。

四是对客户反馈的处理。当销售人员在跟单过程中收到客户的反馈时，具体是如何处理的。其中有哪些得到了客户的认可，又有哪些使客户似乎不太满意，看看是否有一些未被察觉的成功因素或需要改进的方面。

五是成功因素的相互关系。独木不成林，销售人员的任何一次成功都不可能是靠某一种技巧达成的。因此，复盘的一个重点就是探讨不同成功因素之间的相互关系，了解它们是如何协同工作的。比如，产品知识和沟通技巧是如何共同作用，提高客户满意度和促成交易的。

学会向团队求助

在绝大多数企业中，新销售人员在入职初期的主要工作就是向有经验的同事学习。比如，在电话销售团队中，新人往往会被公司安排坐在经验丰富的老员工旁边，可以借此观察他们如何与客户沟通、如何应对和解决客户问题。另外，新销售人员还会听一些销售精英的电话录音，努力吸收他们的跟单技巧，以及掌握与客户交流的方法。

实际上，公司安排这些举措的一个主要目的就是向新手销售人员传达一个重要信息：当你在工作中遇到难题时，不要犹豫，记得向团队寻求帮助。比如，当新手销售人员在跟进客户后未能成功成交，但又不清楚客户为何拒绝时，就需要向团队反馈情况并请教。向团队请教问题不仅有助于新手销售人员及时纠正自己的不足，还能够从资深销售人员那里获取宝贵的经验和建议。

因此，当销售人员在跟单复盘找不到方向，或复盘效果不佳时，一定要及时向团队求助。在这个过程中，销售人员需要注意以下四点，这样能让你的请教更有效果。

1. 想清楚请教的问题

在向团队求助之前，销售人员要先想清楚自己的问题是什么，包括识别问题的根源、分析问题发生的原因以及了解问题对跟单工作的影响。通过这样的分析，销售人员可以确保自己在向团队求助时，提供足够详细的信息，使团队里的其他成员能迅速地了解问题的本质。

销售人员在描述问题时，尽量要简洁明了，用简单的语言表述清楚问题的核心。这样可以确保团队成员在第一时间就能抓住问题的要领，从而为解决问题节省时间。

此外，明确问题还有助于团队成员提供有针对性的建议。当销售人员详细地阐述问题时，团队成员可以根据销售人员提供的信息，制订更加符合实际情况的解决方案。这样一来，团队在解决问题时就能更加高效，也能更好地满足销售人员的需求。

2. 讲清楚问题的背景

在请教问题时，销售人员记得给团队提供相关的背景信息，这有助于团队更全面地了解整个跟单过程。这样的信息包括以下五方面。

一是客户的情况。尽量详细地描述客户的情况，包括其需求、偏好、历史交易记录等。这可以让团队更好地把握客户的背景，从而更精准地理解问题的根源。

二是沟通的方式。说明销售人员与客户之间的沟通方式，是通过电话、邮件，还是面对面。这有助于团队了解信息传递的渠道，以及在不同沟通环境下可能存在的挑战。

三是关键节点。强调整个跟单过程中的关键节点，如初次接触、产品介绍、谈判阶段等。指出哪些环节出现了问题，或是哪些步骤可能需要改进，可以帮助团队更有针对性地提供建议。

四是客户反馈。如果收到客户的具体反馈或意见，则销售人员务必分享给团队。这有助于团队理解客户的想法和感受，从而更好地解读问题的本质。

五是困扰的细节。提供困扰销售人员的具体细节，如客户的特殊要求、对产品的疑虑等。团队需要了解问题的具体细节，才能够提供更具体、实用的建议。

3. 主动参与讨论

有的时候，跟单是一个非常复杂的过程，很难通过销售人员的三言两语就把问题发生的全部情形描述清楚。因此，当销售人员向团队成员请教的时候，一定要主动参与讨论，确保团队成员给出的解决方法和建议能够解决你的问题。

4. 反馈复盘效果

销售人员得到团队的建议后，尽量及时将这些建议付诸实践，并确保在运用的过程中不遗漏任何关键细节。另外，在操作过程中可能会出现一些挑战，销售人员要及时与团队沟通这些难点，以便更好地解决问题。

如果某些团队提供的建议在实践中取得了成功，销售人员一定要详细记录下来。这不仅有助于其他团队成员学习和借鉴，也为未来的类似问题提供了成功的解决方案。

如果团队提供的建议并没有带来预期的效果，销售人员也要毫不掩饰地分享这一情况。讨论失败的原因，探讨应对措施，以便团队成员从失败中吸取经验或教训，避免类似问题的再次发生。

总结自己，也要总结客户

跟单，是一个依赖于双方共同参与的过程。只有当双方都付出相应的努力时，才能够使跟单过程得以顺利进行，最终实现成交。因此，在销售人员完成跟单进行复盘时，需要从多个角度进行反思和总结，其中就包括客户的角度。

通过总结客户的反馈和体验，销售人员可以更深入地了解客户的期望和需求。了解客户期望有助于调整销售策略，从而更好地满足客户的期望，提高交易成功的可能性。

客户在交流中可能表达了一些隐含或未明确的需求，如果销售人员能发现，就可以更好地挖掘客户潜在的需求。这有助于提前准备相关信息和解决方案，更主动地满足客户的需求。

同时，通过客户的反馈，销售人员能够发现服务过程中存在的不足之处。客户可能会指出某些环节的服务体验不佳，这为销售人员提供了改进的方向，以提升整体服务质量。

此外，关注客户的感受和需求，销售人员可以更贴近客户，增强客户对销售人员的信任感，从而为未来的合作打下良好的基础。

在总结客户信息时，销售人员可以从以下三个要点出发。

1. 梳理客户的基本信息

梳理客户信息是总结客户的基础，且具有重大价值。因为从一些基础信息中，销售人员可以发现并延伸出许多重要信息，如年龄和性别等。

以智能手机市场为例，如果销售人员了解到他们的客户群体中包含大量老年人，那么在推荐产品时，就应该着重考虑老年人对手机的使用习惯和需求。比如，老年人通常更看重手机的续航能力、操作简便性以及大字体显示功能等。

如果销售人员发现他们的客户群体中有很多年轻女性，那么他们就需要关注这部分客户对手机的特定需求。年轻女性往往更加关注手机的外观设计、拍照效果以及系统流畅性等。因此，销售人员可以向这部分客户推荐外观时尚、拍照功能强大以及性能流畅的手机产品。

此外，销售人员还可以进一步挖掘客户的其他信息，如职业、收入、兴趣爱好等，以提供更个性化的推荐。比如，对于高端职业人群，销售人员可以关注手机的品牌、质量和性能等方面；对于喜欢户外活动的客户，销售人员可以推荐具有防水、耐摔等特点的手机。

总之，梳理客户信息是销售人员工作中不可或缺的一环。通过对客户信息的深入理解和应用，销售人员可以更好地了解客户的需求，提高产品推荐的成功率，从而提升销售业绩。

2. 对客户进行分类

在总结客户时，根据客户的重要性、合作程度等因素，对客户进行分类管理，有助于销售人员更好地了解不同客户群体的需求和喜好，为客户提供更加个性化的服务或产品推荐，满足客户的独特期望，从而增强客户对品牌的信任感。

而且，通过对客户进行分类，销售人员还能够更有效地分配资源，将更多的时间和精力投放到有更高潜力的客户群体身上，提高跟单效率和成功率，减少对低潜力客户的不必要投入。

一些高价值客户可能需要更密切的关系来管理，而一些潜在客户可能需要更多的推动和引导。分类客户有助于制定更有针对性的客户关系管理策略。

3. 分析客户的决策过程

和销售人员的跟单决策一样，客户的决策过程也包括多个关键节点，其中一些可能对购买决策具有决定性的影响。

第一个关键节点是销售人员需要了解客户的认知阶段，即客户对产品或服务的认知和了解程度。在这一阶段，客户可能会通过广告、推荐或在线搜索等途径获取产品或服务的信息。销售人员可以通过了解客户的信息来源，更好地把握他们的关注点和偏好。

客户的兴趣和养成阶段是第二个关键节点。在这一阶段，客户可能会更深入地研究产品或服务的详细信息，比较不同选项，并开始形成偏好。销售人员可以通过提供详细的产品信息、解答疑虑，以及强调产品的独特卖点，积极参与并引导客户的兴趣和了解过程。

第三个关键节点是决策阶段，客户在这一阶段做出最终的购买决策。在这一时刻，客户可能会受到多方面的影响，包括产品价格、品牌声誉、售后服务等。销售人员可以通过灵活的定价策略、具有建设性的品牌形象以及卓越的客户服务，提高自身在此阶段的竞争力。

此外，了解影响客户决策的因素也是至关重要的。客户可能会受到个人需求、社交圈的影响、产品质量、市场口碑等因素的制约。销售人员可以通过深入了解客户的个性化需求、建立社交关系、提供高质量的产品以及积极管理品牌声誉，从而更全面地应对这些决策因素。